KB076619

마인드파워 마스터들이
전해주는 머니 시크릿

마인드파워 마스터들이 전해주는 머니 시크릿

부 제 명 |
발 행 일 | 2018년   월   일
지 은 이 | 안드레아 오르트 / 김어진 옮김
펴 낸 곳 | 주식회사 부크크
출판등록 | 2014.07.15. (제2014-16호)
주   소 | 경기도 부천시 원미구 춘의동 202 춘의테크노파크2단지 202동 1306호
전   화 | 1670-8316
이 메 일 | info@bookk.co.kr

I S B N | 979-11-272-0000-0

마인드파워 마스터들이 전해주는 머니 시크릿

Money Making Secrets of Mind Power Masters

안드레아 오르트 Andreas Ohrt
번역 김어진

목차

2부

3부

1부

* 당신의 잠재의식을 두드려라 - 브라이언 트레이시
* 이상적인 장면을 상상하라 - 마크 알렌
* 의지의 투사력 - 스튜어트 와일드
* 나는 생각한다... 하지만 부자가 되고 있지 않아! - 밥 도일
* 빠른 실체화의 비밀 - 로버트 앤소니
* 마음을 지배해서 번영을 창조하라 - 질 아몬 웩슬러
* 지금 바로 백만 달러 수입 흐름을 창조하라! - 리드 바이런
* 돈은 환상이며 그림자다 - 데이빗 카메론
* 고갈되지 않는 번영을 위한 마인드파워 최면 - 앨런 튜트

당신의 잠재의식을 두드려라

브라이언 트레이시(Brian Tracy)

당신에게는 지금 당장 슈퍼컴퓨터처럼 이용할 수 있는 힘이 있다. 그것은 어떤 문제라도 해결할 수 있고, 어떤 장애도 극복할 수 있고 당신이 설정한 어떤 목표든지 달성할 수 있게 해주는 힘이다.

이 힘은 역사적으로 사람들이 불행과 좌절에서 기쁨과 자아실현으로, 가난과 무명에서 성공과 명성으로, 넝마주이 같은 삶에서 부유한 삶으로 옮겨가는 데 사용되어왔다. 그리고 그 힘은 당신을 위해서도 똑같이 사용될 수 있다.

이 힘은 여러 곳에서 많은 사람들이 다양한 이름으로 불러왔다. 그것은 대부분의 종교와 철학, 그리고 형이상학적 가르침의 기본 원칙이다. 그것은 많은 심리학의 많은 기초이며 모든 성공과 성취의 초석이기도 하다. 아주 간단한 용어로 이 힘을 "잠재의식"이라고 부른다. 진정한 잠재의식은 단순히 이전 경험을 바탕으로 하여 자동으로 반응하는 감각과 인상의 기억창고이다. 그러기 때문에 사실 이 용어는 다소 오해의 소지가 있다.

또한, 그것은 "보편적 잠재의식"과 "집단 무의식"으로 표현되기도 한다. 오스트리아의 위대한 정신분석하자 칼 융(Carl Jung)은 "초(超)의식"을 말하기도 했다. 그는 모든 세대의 집합적 지혜와 지식이 초(超)의식에 담겨 있으며 모든 사람이 이용할 수 있다고 생각했다.

랄프 왈도 에머슨(Ralph Waldo Emerson)은 이것을 "대령(大靈 oversoul)이라고 부르면서 이렇게 말했다. "우리는 굉장한 지성의 무릎 위에서 살고 있다. 그 현존 안에 있을 때, 우리는 그것이 우리 인간의 마음을 훨씬 넘어선다는 것을 깨닫는다." 에머슨, 미국의 위대한 초월주의자는 평균적인 사람에게 모든 힘과 가능성은 마음을 정기적으로 사용하는 것으로부터 나온다고 생각했다.

아마도 20세기의 가장 위대한 성공학자였던 나폴레온 힐(Napoleon Hill)은 이 힘을 "무한한 지성"이라고 불렀다. 20년 이상 당시 미국에서 가장 성공한 500명 이상의 남녀를 인터뷰한 후에, 그는 예외 없이, 이 더 높은 형태의 무한한 지성을 활용하는 능력이 그들의 위대한 성공에 있어 가장 주요한 원인이었다고 결론지었다.

뭐라고 부르든 간에, 당신은 지금 이 순간 누구에게나 어디에나 존재해 온 이 힘을 이용할 수 있다. 나는 모든 다른 마음이나 지성 위에 있는 이 힘을 "초의식적 마음(Superconscious mind)"이라고 부른다.

초의식적 마음은 모든 순수한 창조성의 근원이다. 우주에서 완전히 새로운 무엇을 창조하는 데 있어 초의식적 마음이 기능하고 있다. 역사적으로 모든 위대한 발명가, 작가, 예술가와 작곡가들은 정기적으로 초의식적 마음에 접근했으며 현재까지도 활용하고 있다. 예술과 창조에 있어 모든 위대한 작품은 초의식적 에너지가 주입된 것이다.

토마스 에디슨(Thomas Edison)은 정기적으로 초의식적 마음을 사용해서 수백 개의 새로운 아이디어와 천 개 이상의 발명품을 제안했고, 그것은 20세기 초의 미국을 완전히 바꾸어 놓았다. 더 최근에는 빌 게이츠(William Gates)가 "MS-DOS"라고 하는, 컴퓨터의 초기 운영체제를 만들었다. 그것은 워낙 독특하고 혁신적이었다. 실제로 그와 폴 앨런(Paul Allen)은 첫 번째 고객을 만나러 가는 비행기 안에서 그 프로그램을 기술했다. 오늘날 빌 게이츠는 세계제일의 갑부이다. 모든 것은 초의식적 통찰력으로부터 나온 것이다. 바흐와 베토벤, 브람스도 초의식적 마음을 규칙적으로 활용해서 최고의 명곡들을 작곡했다. 모차르트는 워낙 자신의 초의식적 마음과 하나가 되어서 머릿속에서 음악을 보고 들을 수 있었다. 그리하여 종이에 펜을 대는 순간 역사를 통틀어 가장 아름답고 완벽한 음악을 작곡할 수 있었다.

내면의 깊은 곳을 울리는 위대한 성취를 보고 읽고 듣거나 경험할 때마다, 당신은 초의식적 창조를 목격하고 있다. 초의식적 마음은 의식과 잠재의식에 저장된 모든 정보에 접근할 수 있다. 또한 자신의 경험을 넘어선 데이터와 아이디어에도 접근할 수 있다. 초의식은 실제로 우리 인간의 마음을 넘어서기 때문이다. 초의식이 보편적인, 또는 무한한 지성의 형태라고 불리는 이유가 이것이다.

당신은 종종 자신을 넘어선 곳으로부터 오는 아이디어를 얻을 것이다. 수천 마일 떨어져 있는 두 사람이 동시에 같은 아이디어를 떠올리는 것은 드문 일이 아니다. 배우자나 짝과 같은 사람과 조율이 잘 되었을 때, 하루 중 같은 시간에 종종 같은 생각을 한다. 그리고 몇 시간 후에 서로 노트를 비교했을 때 오직 같은 결론에 도달했다는 것을 알게 될 것이다. 이것은 초의식이 작용하는 실례이다.

초의식은 목표 지향적으로 동기를 부여할 수 있다. 자신이 선택한 목표를 향해 단호하게 작업할 때, 초의식은 당신이 전진하는 것을 돕기 위해 아이디어와 에너지의 지속적인 흐름을 생성할 것이다. 사실상, 초의식은 "프리에너지(free energy)"의 한 형태이다. 이 프리에너지는 정말로 중요한 무언가를 달성하는 것에 대해 흥분하거나 영감을 받을 때 사용할 수 있게 된다. 당신은 피로하지 않고 몇 시간이고 계속할 수 있을 것처럼 보인다. 때로는 식사하는 것을 잊기도 하고, 잠도 평소보다 훨씬 적게 잔다. 목표를 달성하고 나면 피로에 지쳐 쓰러질지도 모르지만, 목표를 향해 나아가고 있는 동안에는 당신에게 끊임없는 에너지와 열정이 흐르는 것 같다. 목표가 분명한 한 초의식이 자동적이고 지속적으로 목표를 방해하는 모든 문제를 해결해준다. 또한 초의식은 좌절과 문제, 곤경과 일시적 실패라는 형태로 성공에 필요한 교훈과 경험을 제공해준다.

또 초의식은 문제를 풀거나 목표를 이루는 데 필요한 정확한 답을, 당신이 준비되었을 때 정확한 시간에 가져다준다. 초의식이 많거나 단 하나의 영감을 줄 때, 그것은 시간제한이 있다는 사실을

마인드파워 마스터들이 전해주는 돈의 비밀

잊어서는 안 된다. 당신은 영감을 받았을 때 곧바로 행동에 옮겨야 한다.

나는 마지막 순간까지 해결할 수 없었던 문제와 씨름했던 많은 경험이 있다. 그러고서 내가 필요로 할 때 답은 완벽하게 선명해진다. 이것은 초의식의 마음의 힘을 사용할 때 당신에게도 일어날 것이다.

초의식을 사용하는 데 있어 중요한 요소는 태도이다. 초의식은 차분하고 자신감 있는 마음으로 기대하는 태도일 때 최고의 기능을 발휘한다. 일어나는 모든 것이 목표의 달성을 향해 점진적으로 이동하게 하고 있다는 믿음과 수용의 태도를 보일 때, 자신 있게 받아들이고 믿을 때, 초의식은 생생하게 살아난다. 마치 방에 조명이 모두 켜지는 것처럼. 이것이 성공하는 사람들이 굉장한 평온과 자신감으로, 자신들이 원하는 것을 아주 선명하게 파악하고 그것을 목표를 달성할 수 있는 능력과 연결시키는 이유이다. 이런 태도의 조합이 초의식의 능력의 파워 스위치를 켜는 것이다.

초의식의 힘 때문에, 마음속에서 지속적으로 붙들고 있는 것은 무엇이든지 가질 수 있다. 에머슨은 "사람은 대부분의 시간 동안 생각하는 그것이 된다."라고 했다. 얼 나이팅게일은 "당신이 생각하는 대로 된다."라고 말했다. 성경에서는 "심는 대로 거두리라"고 했다. 이 파종과 수확의 법칙은 정신적인 상태, 당신의 생각을 의미한다. 물론, 초의식을 사용하는 데에는 잠재적 위험이 있다. 그것은 불과 같다. 멋진 하인이면서도 끔찍한 주인이다. 적절치 못하게 사용할 경우, 부정적이고 두려운 생각을 할 경우, 초의식은 그생각을 명령으로 의견을 받아들여서 그것을 당신의 현실로 구체화하는 작업을 할 것이다.

성공하는 사람과 실패하는 사람의 차이는 무엇일까? 그것은 매우 간단하다. 성공하는 사람들은 원하는 것에 대해 생각하고 이야기하는 반면, 실패하는 사람들은 원하지 않는 것에 관해 이야기한다.

그래서 여기에 진정으로 인생에서 원하는 것을 얻기 위해 초의식의 힘과 연결하기 위한 10단계 계획이 있다. 이 계획을 정기적으로 실천하라. 그리하면 당신은 그 결과에 놀라게 될 것이다.

1. 원하는 것을 정확하게 결정하라. 이것은 일반적으로 사람들이 가지는 가장 큰 문제이다. 그들은 자신이 원하는 것을 모른다. 그러고서 얻지 못하게 되면 놀라고 만다.

2. 목표를 세부사항까지 명확하게 작성하라. 글로 쓰지 않은 목표는 단지 소원일 뿐이다. 목표를 글로 적을 때, 당신이 정말로 이 특정한 목표를 달성하고자 한다고 초의식에게 신호를 보내는 것이다.

3. 3x5 사이즈의 색인 카드에 현재시제로 평이하게 목표를 기록하라. 그리고 종일 가지고 다니면서 기회가 있을 때마다 읽고 또 읽어라.

4. 목표를 향해 다가갈 수 있다고 생각할 수 있는 모든 것을 목록으로 만들어라. 목록을 만드는 것은 욕망을 강화하고 목표의 달성이 가능하다는 믿음을 깊게 한다.

5. 우선순위로 리스트를 구성하라. 무엇이 더 중요하고 무엇이 덜 중요한가?

6. 매일 목록에 있는 항목 중 하나를 실천에 옮겨라. 모멘텀을 유지할 수 있도록 매일 목표를 향해 다가가는 무언가를 행하라.

7. 목표를 반복해서 시각화하라. 이미 현실로 이루어져 있는 것처럼 마음의 눈으로 보라. 마음의 그림 속에서 목표가 선명하고 생생할수록, 그것은 더욱더 빨리 당신의 삶 속으로 들어올 것이다.

8. 이 순간 목표가 이루어졌다면 갖게 될 기쁨과 즐거움의 감정을 느껴라. 목표를 달성했다면 느끼게 될 행복과 만족, 즐거움의 감정을 만들어라.

9. 초의식이 목표를 현실로 가져오고 있는 것처럼 자신 있게 행동하라. 자신이 목표를 향해 움직이고 있고 목표 또한 당신을 향해 다가오고 있다는 사실을 받아들여라.

10. 목표를 초의식에 완전히 맡기도록 하라. 목표를 우주의 힘에 온전히 내맡기고 그냥 비켜서라. 당신은 항상 올바른 시간에 취할 올바른 행동을 알게 될 것이다.

오늘부터 시작하라. 이 힘, 자신의 초의식에 하나의 목표 또는 아이디어를 시도하고 목표 달성에 성공할 때까지 지속적으로 연습하라. 이렇게 하면 기대에 찬 사람이 "긍정적으로 생각하는 것"에서 완전히 성공한 사람이 "확실하게 아는" 자리로 옮겨갈 것이다.

***

브라이언 트레이시는 인간 잠재력 개발에 있어 선도적인 권위자이며, 23권의 베스트셀러 저자이다. 브라이언 트레이시는 23개 나라에서 200만 명 이상을 훈련시켰다.

이상적인 장면을 상상하라

마크 알렌(Marc Allen)

이것은 필수적인 첫 번째 스텝이다

이 스텝은 단순하다. 아이디어를 몇 페이지 쓰는 것이 전부이다. 하지만 그럼에도 불구하고 이것은 내가 경험했던 급속한 성장에 절대적으로 중요하고 기본적이라는 사실이 입증되었다. 그것은 내 인생의 다른 모든 발견으로 향하는 문을 열어주었고, 내게 성공과 성취를 가져다주었다. 그것은 내가 이 간단한 프로세스를 하기 전에는 완전히 상상할 수 없었던 성공이었다.

강력한 연습

첫 번째 스텝은 "이상적인 장면 프로세스"라고 한다. 그것은 스티븐 코비가 그의 저서 "성공하는 사람들의 7가지 습관"에서 제공한, 두 번째 습관을 바라보는 또 다른 방법이다. 이 습관만으로도 성공의 큰 열쇠가 된다. 그것은 "마음속으로 최종결과에서부터 시작하라."라는 것이다.

이것은 간단하고 강력한 열쇠이다. 마음속에서 최종결과에서부터 시작하고 항상 끝을 염두에 두어라. 그리하면 당신을 이끄는 기회는 항상 눈앞에 있어왔다는 사실을 발견하게 될 것이다. 그저 지금까지 보지 못했을 뿐이다.

자유롭게 꿈꾸고 성공을 정의하라

자유롭게 꿈꾸고 당신에게 있어 성공이란 무엇인지 명확하게 정의하는 것이 중요하다.

이어지는 "이상적인 장면" 연습은 독특한 개인으로서 당신 자신을 위한 성공을 놀랍도록 쉽고 즐겁게 이미지하는 방법을 제시한다.

자신의 이상적인 장면을 이미지하라

꿈에서 모든 것이 시작된다. 필수적인 첫 번째 단계는 꿈을 꾸고 상상하는 것이다. 5년이 지났다고 상상하라. 당신은 이상적인 삶을 살고 있다. 원하는 일을 하며 되고 싶은 사람이 되었고, 갖고 싶은 것을 가졌다고 상상하라.

우리 중 일부는 심지어 자기 자신에게 꿈도 허용하지 않는다. 그러나 꿈꾸는 것은 중요한 첫 번째 단계이다. 꿈 없이 성취는 불가능하다.

잠시 시간을 내서 조용히 휴식을 취하라. 그런 다음 상상력이 마음껏 방황하게 하라. 자신에게 꿈을 꾸도록 허용하라. 어린아이를 격려하듯이 자신을 격려하라. 인생에서 다른 가능성들이 당신을 기다리고 있다. 과감하게 꿈을 꿔라. 이 코스의 언어와 연습으로 굉장한 영감을 받았다고 상상하라. 또한 이 길을 따르면서 많은 다른 것들도 만났다고 생각하라. 자신의 꿈의 인생을 만들었다고 상상하라. 당신은 자신이 바라는 모든 면에서 성공했다.

돈이 문제가 아니라면, 원하는 대로 되고, 하고, 가질 수 있다면 그것은 어떤 모습이 될까?

당신의 이상을 묘사하라. 원하는 데까지 마음껏 허용하라. 현실은 나중에 현실을 다룰 것이다. 지금은 상상력이 마음껏 활공하게 하라. 자신을 제한하지 마라. 그리고 쓰면서 조금도 편집하지 마라. 다른 사람은 볼 수 없다. 그리고 나중에 항상 바꿀 수도 있다.

목표를 목록화하고 확언하라

이 다음 단계를 수행하면, 당신은 강력한 결과를 볼 것이다. 이상적인 장면 내에는 여러 가지 목표가 바인딩된다. 깨끗한 시트를 꺼내서 상단에 "목표"라고 쓴 다음 주요 목표를 나열하라. 아무리 많더라도 모두 종이 위에 기록하라. 처음 작성했을 때 나는 10개에서 12개의 목표를 가지고 있었다. 지금은 6개만 가지고 있다. 수년 동안 내 인생은 더욱더 단순해졌다.

먼저 마음에 떠오르는 대로 단순히 목표를 나열하기만 하라. 그런 다음 돌아가서 각각의 목표가 실현되는 과정에 있다고 긍정하는 확언문으로 다시 작성하라. 트릭은 목표를 현재시제로 진술하는 것이다. 그렇지만 현재의 당신에게 믿겨지는 방식으로 기술해야 한다. 그래야 잠재의식이 거기에 기반해서 작동할 수 있다.

가장 효과적인 확언은 현재시제로 진술하는 것이지만, 자신에게 완전히 믿을 수 있어야 한다. 그것은 말로 기술되므로 목표는 지금 발생하고 있는 과정 중에 있다. 하지만 이미 달성된 것으로 기술하면 믿겨지기가 어렵다. "지금 나는 억만장자다"라는 확언은 현재시제이긴 하지만 당신이 매달 임대료를 내기 위해 동분서주하고 있다면, 현재의식과 잠재의식이 믿기는 힘들 것이다. 여기에 내게 효과를 발휘한 확언문이 있다.

"나는 지금 건강하고 긍정적인 방법으로 쉽고 편안하게 완전한 재정적 성공을 창조하고 있다."

이 말을 반복하면서 머지않아 어떤 마법 같은 일이 일어났다. 온갖 종류의 기회들이 나타나고, 재정적 자유라는 높은 목표를 위한 모든 가능한 방법들이 내게 명백해지기 시작했다. 그런 다음 마음속으로 계획이 그냥 자연스럽게 형성되기 시작했다. 그것은 직관적으로 다음 단계로 이끌었다. 각각의 주요 목표를 간단하게 글로 작성하게 만들었다.

일단 목표 리스트를 확언하기 시작하면서, 시간이 지남에 따라 나는 자연스럽게 각각의 목표들의 선명하고 깨끗한 그림을 발전시켰다. 그리고 그 그림들은 몇 가지 매우 구체적인 단계를 포함하기 시작했다.

각인의 힘

이 프로세스는 효과가 있다. 내 이론은 ~목표와 꿈을 반복하는 것은 잠재의식에 각인된다. 잠재의식은 어떤 신비스런 방식으로 우주 전체와 밀접하게 연결된, 마음의 깊고 광대한 부분이다. 단순히 목표를 반복함으로써, 당신은 우주의 창조적인 힘과 정렬된다.

확언할 때 우리는 쉽고 편안하게 건강하고 긍정적인 방법으로, 우리의 꿈을 창조한다. 그리고 잠재의식은 곧바로 활동을 개시한다.

두 개의 강력한, 모든 것을 포함하는 확언

당신의 확언 세션에 포함할, 하루 중 언제라도 어떤 제한적이거나 파괴적인 것을 생각하거나 말하고 있다는 걸 알아차렸을 때 말할 수 있는 두 개의 위대한 확언이 있다. 자기 자신에게 확언할 때 이 말의 힘은 분명해진다. 첫 번째 확언은 프랑스의 유명한 약사 에밀 쿠에(Emile Coue)에게서 나온 것이다. 그는 약 대신 고객들에게 이 확언문을 준 다음 거듭 반복되는 치료 효과를 보았다.

"매일매일 모든 면에서 나는 더욱더 좋아하고 있습니다."

그리고 특정 목표를 확인하고 있을 때, 일종의 "우주의 보험"으로 다음의 단어를 추가하는 것이 매우 좋다. 그것은 다른 사람뿐만 아니라 당신의 최고선(最高善)을 위한 것이기도 하다. "이것, 또는 이보다 더 나은 것이 지금 모두의 최고선을 위해, 완전히 만족스럽고 조화로운 방식으로 이루어지고 있다."

확언하라, 그렇게 될 것이다. 자신을 위해 확언의 힘을 발견하라. 목표를 목록으로 작성하고 확언의 형태로 기술하라. 그리고 반복해서 읽어라. 당신은 성공의 기초를 창조하고 있는 것이다.

당신은 되고자 하는 그것이 될 것이다.

***

마크 알렌의 "백만장자 코스(The MIllionaire Course)"에서 인용.

의지의 투사력

스튜어트 와일드(Stuart Wilde)

내가 유럽의 오컬티스트에게서 배운 것은, 제대로 투사했을 때 우리 인간이 사용할 수 있는 가장 큰 힘은 의지라는 사실이다. 지금 당신은 아마도 의지의 힘이라는 측면에서는 많이 생각해보지 않았을 것이다. 그러나 이것은 고대의 마법사들이 그들의 삶에서 초자연적인 사건을 만들어내는 데 썼던 것과 같은 힘이다. 의지와 의도의 차이점은 다음과 같다. 많은 사람들에게 의도는 단순히 하나의 정신 활동, 일종의 바람일 뿐이다. 반면에 의식으로부터 투사된 의지의 힘은 생각과 욕망을 포함할 뿐만 아니라 **생명력**을 가진 열정이기도 하다. 올바르게 투사됐을 때 의지에는 영혼이라는 필수적인 성분, 당신이 진정한 본질이 포함된다.

영혼의 힘은 명확하게 정의됐을 때 의지의 초점을 가져다준다.

그리하여 흐트러지지 않는 순수성으로 연마되는 선명한 집중력은 대상에 전체 힘의 무게를 실어 곧바로 현실을 잘라낸다. 기억하라. 의식은 기본적으로 주변세계의 모든 에너지와 생각을 담고 있는 의식의 대양(大洋)에 포함되어 있다. 대부분의 경우 주위 사람들의 에너지는 약하고 명확하지 않으며 그들에게 있는 작은 힘은 종종 감정에 의해 훼손된다.

마법사를 따라 염원이나 상상력의 공상적인 되새김에 의해 웅얼웅얼 구시렁거리는 완두콩 수프는 강력하고 선명하게 정리된다. 인간의 감정에서 초연한 그는 이미 군중보다 더 높은 로켓 발사대에 서 있다. 거기서부터 그는 인생 상황 속으로 자신의 의지를 발포한다. 그의 힘은 멈출 수 없다.

어떻게 보편적인 인생 법칙이 이 사람을 거부할 수 있을까? 할 수 없다. 그의 힘은 너무도 크다. 그의 의지는 좋고 나쁘고, 가지고 가지지 못하는 등의 어떤 가치를 매기는 생각에 흐트러지지 않는다. 그것은 그가 원하는 것에 온전히 초점을 맞추고 있다. 그의 욕망은 어떤 높은 선택의 과정 때문에 이루어지는 것이 아니다. 오히려 그것은 전적으로 그의 요구의 힘을 통해서 그에게로 다가온다. 그가 원하기 때문이고, 생각이 그의 뜻에 엮여 있기 때문이다. 그 자신의 영혼에 의해 힘을 부여받았기 때문에 거부될 수 없다.

처음 이 아이디어에 직면했을 때, 나는 특정 수준의 의도에 도달하는 데 필요한 공격에 반대하는 자연스러운 반응을 보였다. 모든 소망과 일시적인 기분을 양도하도록 삶을 강요하기 위해 신비적 측면에서 힘을 활용하는 것은 어떻게든 내게 "잘못된 것"으로 보였다. 하지만 나는 점차적으로 그 생각에 익숙해지면서 나의 특정 방법론 주위에 도덕적 이론을 발전시켰다. 곧 나는 내게 중요한 것은 나의 성취, 내가 아는 것들, 이 생에서 내가 완성하는 것들이라는 사실을 깨달았다. 내가 다른 무관한 사람들을 침해하지 않는다면 어떻게 거기에 도달할 수 있겠는가.

요점은 무엇을 원하는가, 그리고 원하는 것을 얻기 위해 얼마나 많은 에너지를 들일 준비가 되어있는가이다. 당신의 추구에 투입할 열정의 수준이 크지 않다면, 분명 당신은 생각하는 만큼 그것을 원하지 않거나, 또는 그 추구가 별로 중요하지 않은 것이다. 하지만 일부 측면이 당신에게 매우 특별하다면, 그것은 자체의 진실한 미덕으로 인해 신성해진다. 다음에는 헌신의 수준이 매우 중요하다. 인생의 이유 전부가 하나의 추구나 성취의 중심에 포함되기 때문이다.

그렇다면, 의도의 초점을 맞추기 위해 물리적 노력과 날카로운 정신, 또는 오컬트적인 신비로운 힘 등을 통해 존재의 모든 힘을 발휘하는 매우 신성한 노력이 요구된다. 삶의 어느 시점에서 의지가 당신의 탐구에 있어 최우선 테마, 자신의 핵심적인 본질을 투자하지 않고는 거부할 수 없는 욕망이 될 것이다. 당신은 그것을 무시할 것인가? 아니면 당신에게는 다른 변명이나 이유, 사과 없이 인생과 인간성, 혹은 상황이 원하는 것을 줘야 한다고 요구할 헌신적인 용기와 자신감이 있는가?

요점은, 의도가 견고하고 의지가 명확하게 정의된다면, 사람들은 당신이 원하는 것을 주려고 줄을 설 것이다. 당신은 자신에 대한 자신감을 가져야 한다. 자신의 힘을 믿어야 한다. 자신의 가치에 조금의 의심이라도 있다면, 그것은 무한한 가능성으로부터 훨씬 더 빈약한 결과로 당신을 데려갈 것이다.

숲에 있는 호랑이를 상상해보라. 그가 길에 있는 사슴이 자기 것인지 궁금해 할까? 호랑이의 진가가 어떤 의문이 있을까? 영원한 도(道)는 모든 것을 있는 그대로 상호 연결하며 스스로를 지탱한다. 자연이 피조물들에게 스스로를 내주듯이, 작은 창조물은 호랑이에게 자신을 내어준다. 완벽한 균형이 유지된다.

유일하게 조심해야 할 것은, 위로 올라갈수록 다른 사람을 부당하게 이용하거나 에고에 휘둘릴 수 있는 위험이다. 모두가 조작하고 타인을 통제하는 세상에서, 똑같은 더러운 기술에 의존하지 않고서 당신이 성공 사례가 될 수 있다면 멋지지 않겠는가?

자기 자신과 삶에 집중하면서 당신은 곧 함께 거래하는 99%의 사람들보다 훨씬 더 강력해질 것이다. 당신은 자신의 에너지를 억제하는 데 주의를 기울여야 하고, 재산이나 자리에 휘둘려서는 안된다. 주의 깊게 살피지 않을 경우 조만간에 스스로 자폭하게 될수도 있다. 또는 더 심하게는, 모든 소원과 변덕을 성취할 수 있지만, 인생을 되돌아봤을 때 물질 면에서는 추구하는 바를 이루었지만, 그것을 인생이나 영적 측면에서 본질적으로 영예로운 자리까지 승화시키지 못한, 추한 자신의 모습을 볼 수도 있다.

돈에 있어 전체적인 트릭은 균형이다. 한 달에 천 달러 또는 한달에 백만 달러도 균형이다. 균형의 큰 가치는 영적인 자신을 뒷받침하고 내면의 아름다움과 창의성이 나오도록 허용하는 데 있다. 대부분의 사람들에게 돈이 사랑의 대상이 아닌, 하나의 교훈인이유가 여기에 있다. 그 교훈은, 우리는 여기에 배우기 위해서 왔다는 것이다.

당신은 사랑하는 사람과 함께 앉아서 정말로 재정적인 필요를 토론해야 한다. 그래서 각자가 자신이 원하는 것과 의도의 수준을 정의해야 한다. 그러고 나서 자신의 의도에 맞게 꿈과 희망을 조정할 수 있고, 투사한 의지의 수준이 무엇을 원하든지 충분히 이룰 수 있을 정도로 강력한지 알 수 있다.

의도가 정말 그렇게 높지 않다면, 그것을 사실로 받아들여야 한다. 그리고 인생에서 무엇을 기대할지 조정해야 할 수도 있다. 대신에, 그것을 강하게 만들기 위해 집중과 훈련을 통해 의도 위에서 작업할 수 있다. 그런 다음 그것이 강해지면, 삶에 투사되는 의지의 힘은 마음의 욕망의 실현을 보장한다.

***

스튜어트 와일드의 "The Trick to Money is Having Some,"에서 인용. 그는 의식과 깨달음의 분야에서 15권의 베스트셀러를 저술했다.

"나는 생각한다... 하지만, 부자가 되고 있지 않아!"

밥 도일(Bob Doyle)

그래서 당신은 "생각하라 그러면 부자가 되리라(Think and Grow Rich)"를 읽었고, "당신은 생각하는 대로 된다"는 것을 지적으로 이해했다. 부에 대한 확언 목록도 가지고 있고 그것을 매일을 암송한다.

하지만 당신은 여전히 돈이 없다. 부는 주변 어디에서도 보이지 않는 것 같다. 여기서 필요한 조건은 무엇일까? 나폴레온 힐에 따르면, 당신은 마땅히 악취가 날 정도로 돈 냄새에 둘러싸여 있어야 한다. 그렇지 않은가?

자, 여기에 실질적인 문제가 있다. 당신에게 "부 의식"이 없다면, 이 모든 생각과 확언은 당신에게 부를 가져다주지 않을 것이다. 생각하고 확언하는 것은 단순히 당신이 취하는 행동이다. 하지만 그것들은 그저 부를 창조하는 시퀀스의 **일부**일 따름이다. 첫 번째 단계를 건너뛸 경우, 당신은 어디에도 도달할 수가 없다.

그렇다면 첫 번째 단계는 무엇일까?

존재이다.

부를 끌어당기기 위해서는 먼저 부유한 존재가 **되어야** 한다. **그런 다음에야,** 당신은 부유한 생각을 하고, 부에 대한 확언을 말하고, 부를 끌어당기는 행동을 하게 된다.

"하지만 부자가 아닌데 어떻게 부유한 존재가 될 수 있을까?" 당신은 이렇게 묻는다. 논리적인 질문이다. 하지만 이것은 당신에게 부가 없다는 잘못된 가정에 기초하고 있다. 당신은 부를 가지고 있다. 단순히 그것을 인식하지 못하고 있을 뿐이다. 당신이 부를 경험하지 못하도록 하는 물리적 현실을 구축했다. 이것은 모두 양자물리학으로 설명될 수 있다. 그러므로 양자물리학의 아주 기본적인 개념을 살펴보자. 그러면 내가 무슨 말을 하는지 알게 될 것이다.

먼저, 당신도 적어도 지적 수준으로는 아마 아(亞)원자 차원에서 우리와 우주의 다른 모든 존재가 에너지라는 사실을 알고 있을 것이다. 만물을 잘게 쪼개 가면 결국 우리는 모두 같은 재료로 이루어져 있고, 모든 것이 서로 연결되어 있음을 알게 된다. 우주는 그저 분리라는 환상을 주는, 다양한 주파수로 진동하는 에너지의 거대한 바다이다. 즉, 우리는 서로를 통해 물리적 객체와 부라는 분리의 환상을 경험한다. 그것은 "감각"이 우리를 둘러싼 에너지를 번역해서 물리적 현실을 창조하고 있기 때문이다.

이것은 모두 생각 속에서 일어난다.

그래서 시간(이 또한 또 다른 환상에 지나지 않는다)을 절약하기 위해, 단순하게 표현하자. "사물"은 오직 우리가 관찰하기 때문에 존재한다. 사물을 존재하게 하는 것은 우리의 관찰이다. 관찰이 없으면, 사물은 단순히 "파동", 확률적 존재에 불과하다. 물리학자들도 이 말에 동의한다.

신념은 우리의 삶에 매우 강력한 에너지 시스템이다. 믿음은 부를 포함해서 우리 삶에 어떤 경험을 허용하거나 허용하지 않는다. 그것은 우리가 누구인가 하는 것으로 이루어진다. 우리는 신념에 따라 세상 속에서 **"존재"**한다. 우리 존재가 "확언을 반복해서 부유

마인드파워 마스터들이 전해주는 돈의 비밀

해지려고 노력하는 사람"이라면, 그러면 **그것**이 우리의 현실이 될 것이다. 우리는 그저 부유해지기 위해 **노력하는** 존재가 될 것이다.

우리는 외부의 물리적 증거와 반대로 우리가 **부유하다**고 결정해야 한다. 그 증거는 이 시점까지 우리를 인도해온 신념 체계를 기반으로 하는 환상이다.

진정으로 부유한 돈을 가지고 있기 때문에 부유한 것이 아니다. 그들은 부유하기 때문에 돈을 가지고 있는 것이다! 이것은 대부분의 사람들의 생각과 반대되는 것이다! 여기에 내가 무엇을 의미하는지 설명하는 예가 있다.

토니 로빈스는 아주 어린 나이에 억만장자가 되었다. 그런 다음, 일련의 잘못된 판단으로 그는 부를 잃었다. 하지만 1년도 채 되지 않아, 그는 다시 부자가 되었다. 그는 이것을 어떻게 해냈을까? **그는 결코 자신의 부를 잃은 적이 없었다.** 단지 부의 상징인 돈을 잃었을 뿐이었다! "부 의식"을 가지고 있었기 때문에 그는 문자 그대로 부를 "마법처럼 끌어당겼다". 그러지 않을 수가 없었다! 그라는 존재가 그것이었기 때문이다! 그리고 그와 비슷한 수천 명의 사람들이 있다. 그들은 단순히 자신이 그런 존재이기 때문에 부를 끌어당긴다. 당신도 같은 결정을 내리고 같은 결과를 가질 수 있다.

반대로, "빈곤의식"과 함께 성장한 사람은 로또에 당첨되어 수백만 달러를 벌어도 1년도 채 안 돼서 모두 잃어버릴 수 있다. 그들의 의식 - 에너지 - 은 부유하지 않기 때문에 **부**의 끌어당김을 유지할 수가 없다. 하지만 여기서 다시 말하자. 부는 하나의 결정이다. 현재 부를 경험하고 있지 않다면, 먼저 풍요는 어디에나 있다는 것을 깨달을 필요가 있다. 사실상 풍요는 모든 곳에 존재한다. 가난과 결핍은 환상이다. 당신은 단순히 결정함으로써 의식을 부로 상승시킬 수 있다. **부유한 존재**가 될 수 있다. **그러면** 이어지는 생각과 말, 행동들이 이미 당신의 것인 부를 경험하게 해줄 것이다!

이것은 진정으로 우리의 핵심 신념 체계에 도전하는 복잡한 주제이다. 하지만 사람을 결핍 상태에 계속 머물게 하는 것이 바로 이 신념 체계이다.

오늘 자신의 재정적 상황을 살펴보라. 부와 자기 자신에 대한 핵심 신념을 보라. 그리고 인생이 자신의 신념을 완벽하게 반영하지 않는지 보도록 하라. 그런 다음, 그 신념들이 어디서 비롯되었는지 찾아보라. 다른 것보다 오히려 자신의 신념이 현실을 만든다는 것을 스스로에게 일깨울 때, 당신은 진정으로 가져 마땅한 번영이라는 현실을 자유롭게 경험할 수 있는 옵션을 가지게 된다!

***

밥 도일은 Boundless Living을 설립하고 "Wealth Beyond Reason" 프로그램을 개발했다. 그 프로그램은 끌어당김의 법칙을 통해 부와 풍요, 즐거운 인생의 물리학에 관한 가르침을 제공한다.

빠른 실체화의 비밀

로버트 앤소니(Robert Anthony)

나는 몇 년 전에 원하는 것은 무엇이든지 거의 즉각적으로 삶 속으로 가져오도록 해주는 공식을 발견했다. 나는 그 공식의 이름을 **빠른 실체화(RAPID MANIFESTATION)**라고 붙였다. 빠른 실체화는, 우리는 **현재 순간**에 진동하는 대로 끌어당긴다는 전제에 기반을 둔다. 즉, 우리가 삶에서 가지고 있는 것은 우리의 현재 순간의 의식에 진동적으로 매치되는 것이다. 모든 것은, **비슷한 것끼리 서로 끌어당긴다**는 가장 기본적인 물리학적 법칙을 통해 우리에게 온다! 비슷한 것끼리 서로 끌어당긴다는 것은 끌어당김의 법칙에 다름 아니다. 그것은 절대적이며, 당신의 성격, 종교적 신념, "좋은 사람이냐" 또는 "나쁜 사람이냐" 하는 것 등과는 아무 상관 없다. 누구도 이 법칙 위에서 살지 않는다. 그것은 반박할 수없는 우주의 법칙이다. 지금까지 당신은 이 법칙이 당신의 삶과 지구상의 다른 모든 사람의 인생에 적용된다는 것을 깨닫지 못했을지도 모른다. 끌어당김의 법칙은 모든 법처럼 당신이 원하던 원하지 않던, 상관없이 작동하는, 공정하고 비인격적이다.

자신이 **창조자**임을 이해하는 것이 중요하다. 사실 당신은, 깨닫던 깨닫지 못하던 **항상** 창조하고 있기 때문에 창조를 하느냐 마느냐에 대한 선택권이 없다.

하지만 **무엇을** 창조하느냐에 대해서는 선택권을 가지고 있다. 불행히도, 사람들의 삶에서 대부분의 창조는 기본값으로 이루어진다. 이것이, 대부분의 사람들이 자신의 인생을 통제할 수 없다고, 상황이 그냥 "일어나고" 있다고 느끼는 이유이다.

상황이 우리에게 그냥 "일어나고" 있다고 느끼는 이유는, 우리가 끌어당김의 법칙이 어떻게 작동하는지 이해하지 못하기 때문이다. 그 결과 우리는, 우리가 이해하지 못하는 이익과 불이익을 수확하게 된다.

끌어당김의 법칙은 저항할 수 없다. 모든 자연법칙은 저항할 수 없다. 이것은 중력이나 전기, 또는 수학적으로 정확하게 작동하는 다른 법칙을 포함한다. 예외란 없다. 법칙은 **언제나** 완벽하게 작동한다. 유일하게 법칙이 적용되는 채널이 불완전할 수 있을 뿐이다.

끌어당김의 법칙과 빠른 실체화의 법칙이 어떻게 작용하고 우리 인생에 어떤 영향을 미치는지 이해하기 위해서는, 잠시 시간을 내서 우리의 창조적 사고 과정에 대해 말할 필요가 있다.

간단히 말해, 당신이 생각하는 모든 생각은 자신만의 에너지적 진동 주파수를 가지고 있다. 그 생각은 잠재의식에 각인된다. 그리고 끌어당김의 법칙을 통해서 진동적으로 공명하거나 같은 주파수로 진동하고 있는 다른 사람, 장소, 물건, 또는 상황을 끌어당긴다. 모든 생각은 하나의 진동적 패턴이다. 진동 패턴은 유사한 진동과 공명하는 경향이 있으며, 이 공명이 창조 과정을 일으킨다.

양자물리학은, 모든 물질은 단순히 에너지의 일정한 진동임을 증명하였다. 물질은 다른 물질에 끌린다. 우리는 이것을 중력의 법칙이라고 부른다. 모든 에너지는 동일하거나 유사한 진동을 가진 다른 에너지를 끌어당긴다. 모든 신념과 생각, 특히 강한 감정적 전류에 의해 흡착되거나 동반되는 것은 특정한 주파수나 에너지로 진동한다. 그리고 이러한 생각과 진동적으로 조화를 이루는 사물과 이벤트, 사람들과 아이디어가 서로 끌어당기고 끌려온다.

만물은 에너지적 진동을 통해 창조된다. 소리는 진동이다. 빛도 진동이다. 물질도 진동이다. 생각도 진동이다. 감정도 진동이다. 모든 것이 진동이다. 특정 패턴으로 진동하는 어떤 것이든지 비슷한 진동을 끌어당긴다. 이것은 화학적, 물리적, 정신적, 정서적, 영적 수준에서 모두 작동한다.

이 원리를 이해하면, 삶에서 원하는 것을 왜 소유하지 못하는지 이해하게 될 것이다. 원하지 않는 무언가를 생각할 때마다, 당신은 피하려고 하고 있는 바로 그것을 끌어당기는 진동 패턴을 설정한다.

과거의 경험에 접촉해서 현재나 미래에 부정성을 투사한다면 같은 일이 일어난다. 당신은 다른 사람들로부터 이 부정적인 생각을 영속시키는 더 많은 대화와 더 많은 증거, 더 많은 상황 및 사건, 같은 생각들을 더 많이 끌어당길 것이다. 비슷한 것은 서로 끌어당긴다. 이것은 피할 수 없다. 이것은 긍정적이거나 창조적 사고에도 똑같이 적용된다. 무엇이든지 의도를 집중하는 것을 당신은 끌어당긴다.

이런 우주에서 당신은 원하던 원하지 않던 생각하는 것을 끌어당긴다. 그래서 원하는 것에 "예스"라고 말하든지 "노"라고 말하든지 여전히 생각 속에 그것을 포함하게 된다. 그리고 최종결과는 정말로 원하는 것을 얻게 되는 것이다. 원하지 않는 것에 "예스"나 "노"라고 말하는 것 역시 마찬가지다. 끌어당김의 법칙은 양쪽 모두에 똑같이 작용한다.

요점은 이렇다. 원하지 않는 것에 맞서 싸울수록, 그것을 더 끌어당기게 된다. 원하는 것에 **저항**을 세우게 되기 때문이다. 이렇게 요약할 수 있다. 무엇이든지 저항하는 것이 지속된다. 우리는 원하지 않는 것에 저항하거나 싸워서 원하는 결과를 얻을 수 있다는 잘못된 신념으로 프로그램되어 있다. 그러나 이것은 끌어당김의 법칙을 무시하는 것이다. 여기서 당신이 알아야 할 것이 있다. 당신이 방어하는 것이 당신의 경험이 될 것이다. 두려워하거나 걱정하는 것이 또한 당신의 경험이 될 것이다. 그리고 미리 대비하는 것 또한 당신의 경험이 될 것이다.

우리가 이해하지 못하는 것은 질병에 대한 방어가 그것의 원인이라는 점이다. 빈곤에 대한 방어가 그것의 원인이다. 악에 대한 방어가 그것의 원인이다. 관계에서 상처받지 않으려고 방어하는 것이 원하는 관계를 가지고 못하는 원인이 된다.

스스로 준비하고 자신을 보호하면서, 그리고 원치 않는 것을 두

마인드파워 마스터들이 전해주는 돈의 비밀

려워하고 걱정하면서, 거기에 초점을 집중하고, 생각에 감정을 더하면서 당신은 방지하려고 애쓰고 있는 바로 그것을 끌어당기고 있다. 방어하고 저항하고, 보호하려고 애쓸수록, 그것은 더욱더 두려워지면서 끌어당김은 더욱더 강력해진다.

하지만 좋은 소식이 있다. 단지 몇 분만이라도 **빠른 실체화** 기법으로 명확하고 억제되지 않은 무저항의 마음으로 들어가서 휴식을 취하면서 원하는 것을 허용하기만 한다면, 그것은 당신에게로 올 것이다. 병에 맞서 싸우려고 분투하는 대신 긴장을 풀고 건강을 허용하라. 빈곤이나 결핍에 맞서 싸우려고 애쓰는 대신 그저 긴장을 풀고 더 많은 것이 삶 속으로 들어오도록 허용하라. 이것은 더 이상 분투하지 않고 긴장하지 않는다는 것을 의미한다. 더 이상 좌절하거나 의심, 걱정도 패배감도 없다. 원하는 인생을 창조하는 확실하고 행복한 과정만이 존재한다. 자신의 인생 경험을 들여다보면서 돈이나 인간관계, 또는 원하는 무엇이든지 결핍과 부족을 본다면, 거기에는 오직 한 가지 이유밖에 없다는 사실을 알기 바란다. 당신이 욕망과 조화되지 않는 생각을 선택해서 말 그대로 지금 받고 있는 것을 끌어당기거나 그 주파수로 진동하고 있기 때문이다.

모든 것이 어떻게 다가오는지 정확하게 이해하면, 다른 사람이 당신에게 행하는 것에 대한 걱정과 두려움에서도 영원히 자유로워진다. 경제적 상황이나 정부, 부모님, 기타 당신이 두려워하던 모든 영향에 대해 더 이상 걱정할 필요가 없다. 걱정하고 위협을 느끼는 유일한 이유는 다른 누군가가 당신이 바라는 것과 조화되지 않는 무언가를 한다면, 그것이 자신의 인생에 영향을 미칠 것이라는 신념을 받아들였기 때문이다. 하지만 생각과 두려움, 근심의 에너지를 통해 초대하지 않으면 그것은 당신 인생 속으로 들어올 수 없다.

원하는 것에 초점을 맞추는 것보다 더 중요한 것은 없다. 그것이 당신이 가져야 할 마음가짐이다. 달리 말해, 원하지 않는 것이나 좋게 느껴지지 않는 것을 제거하려는 노력을 그만둬야 한다. 제거할 수 없기 때문이다. 당신은 사람들을 멀어지게 하거나 당신에 대해 생각하고 말하는 걸 그만두게 할 수 없다. 당신은 테러리스트의 세상을 제거할 수 없다. 당신은 질병의 세계를 제거할 수 없다. 당신은 원하지 않는 것을 제거할 수 없다. 이것은 환상이다. 끌어당김의 법칙에 위배되기 때문에 이것은 역사가 기록된 이래로 한 번도 가능하지 않았으며 앞으로도 절대 불가능할 것이다.

빠른 실체화는 바라는 것에 최소한으로 저항하는 길을 찾도록 돕는다. 단호히 최소 저항의 길을 걸음에 따라, 내면에 거주하고 있던 것들이 모습을 드러낼 것이다. 모든 두려움, 의심과 불안이 나타난다. 이것은 당신의 과거 경험에 뿌리를 두고 있는 잠재의식의 저항이다. 저항이 나타날 때 당신이 할 일은 원하는 것을 향해 마음의 초점을 돌리는 것이다.

욕망에 집중하기 시작하면서, 당신은 말하자면 욕망달성에 있어 복잡한 세부사항 없이도 욕망의 주인이 된다. 우주는 당신이 이루고자 하는 것의 본질을 안다. 그리고 긴장을 풀고 허용하는 순간에 당신이 진실로 원하는 것을 내어준다.

정원에 씨앗을 심는다면, 어떤 물리적 증거를 보지 않고도 씨앗이 잘 자랄 수 있다는 사실은 상식적으로 알 것이다. 정원으로 나가서 당신이 심은 씨앗 위에서 발을 구르면서 지금 당장 결과를 보여 달라고 요구하지는 않을 것이다! 당신은 걱정하지 않는다. 대신에 우주의 자연법칙이 일하도록 허용한다. 그리고 당신이 심은 작은 씨앗은 당신이 바라는 것으로 성장한다.

자신의 삶을 살펴보면, 많은 아름다운 창조의 씨앗을 심어왔다는 걸 보게 될 것이다. 하지만 성급함과 창조과정의 원리에 대한 이해 부족이나 걱정으로, 당신은 없거나 원하지 않는 것에 초점을 맞추고 있다. 그리하여 욕망의 씨앗을 파괴하거나 저하시켜왔다.

욕망은 가장 좋은 시간에 다가올 것이다. 당신은 욕망을 풀어놓고 다음과 같이 말함으로써 가장 좋은 시간에 영향을 미칠 수 있다.

"우주는 더 큰 그림을 알고 있다. 나는 이것의 시기를 처리할 것이다. 그러면서 그냥 내가 원하는 것에 집중하거나 또는 더 나은 뭔가에 내 자신을 열 수 있도록 할 수 있는 모든 것을 다할 것이다!"

때때로 당신은 원하는 것이 부족하다고 생각할 수 있다. 다른 사람이 먼저 목적을 이루기 때문에 자신은 얻지 못할 거라고 여길 수도 있다. 당신은, 결핍이란 존재하지 않음을 반드시 깨달아야 한다. 하나의 기회를 놓치면, 다른 기회의 문이 열릴 것이다. 그 다음 또 다른 기회, 또 다른 기회가 문을 열어줄 것이다. 기회의 흐름은 절대로 말라붙지 않는다. 일을 억지로 일어나게 노력하여 자기 자신을 피로하게 할 필요가 없다. 그냥 가진 것을 즐기면서 원하는 것을 더 많이 창조하도록 하라.

당신은 우주가 당신이 원하는 모든 것에서 당신을 지원한다는 것을 알아야 한다. 그리고 알든 모르든, 우주가 당신에게서 보류하고 있는 것은 아무것도 없다. 모든 것은 당신이 요청하고 동의하는 순간 주어진다.

원하는 것이 구체적이고, 최소 저항의 길을 수용할 때, 에너지는 당신을 통해 영감 어린 생각으로 흐른다. 그리고 당신은 원하는 것을 성취할 것이다. 그러나 자신이 성취할 수 있다고 믿는 것보다 더 많은 것을 원할 경우에는 균형을 잃게 된다. 그리고 당신이 수용하는 것이 원하는 것보다 작을 때에도 균형이 상실된다. 그러므로 당신은 자신의 균형을 찾아야 한다.

이 순간에 당신이 미래라고 부르는 것을 창조하고 있다는 사실을 알고 믿고 이해해야 한다. 찾고 있는 것은 생각의 균형이다. 즉, 원하는 것을 생각하고 기대하면서 현재 순간에 사는 것이다. 이렇게 욕망하고 기대한다면, 그것은 당신의 것이 될 것이다.

여기서 당신이 취하기 바라는 게 있다면, 그것은 원하는 걸 가지려고 애써 몸부림칠 필요가 없다는 것이다. 만물을 서로 연결하고 (그리고 씨앗을 자라게 하는) 우주가 세부사항을 알아서 하도록 허용하라. 최종결과에 초점을 맞출 때, 원하는 것을 산출해내는 법에 대하여 특정한 사람이나 환경, 조건, 기술이나 전략 등으로 인도될 것이다. 또한, 당신은 이 사람들, 상황과 조건, 기술 또는 전략은 긍정적인 감정을 느낄 수 있기 때문에 자신의 느낌으로 "올바르다는" 사실을 알게 될 것이다. **빠른 실체화**는 무엇이든지 원하는 것이 **지금** 이미 당신 것임을 받아들이는 것에 관한 것이다. 모든 것은 **지금** 창조된다. 미래를 시각화하거나 생각한다면, 원하는 것을 성취하기 위해 필요한 이상으로 기다리게 될 것이다.

이 기법은 **지금** 속에서 창조하도록 해준다. 이것은 원하는 것을 창조하는 동안 마음이 현재에 머물도록 한다. 이것은 **빠른 실체화** 과정을 통해 실천하는 **능동적인** 연습이다. 짧고 단순하지만, 매우 강력하다.

이 기법을 배운 이후로 나는 욕망해온 모든 것을 빠르게 끌어당겼다. 욕망하는 것을 **지금** 받아들일 준비가 되었다면, **빠른 실체화**는 가능한 가장 짧은 시간에 원하는 것을 끌어당기도록 도울 수 있다.

***

로버트 앤소니는 몇 권의 밀리언셀러를 포함해서 열다섯 권의 책을 저술했다.

마음을 지배해서 번영을 창조하라

질 아몬 웩슬러(Jill Ammon-Wexler)

중첩된 세계

우리는 이제 의심의 여지없이 알고 있다. 알려진 우주의 모든 것이 - "물리적인" 세상에서 내면의 가장 깊은 생각까지 - 기본적으로 움직이고 있는 에너지라는 사실을.

사실 내면의 "정신적" 현실과 "외부세계"의 현실은 서로 밀접하게 결합된 양자 이벤트(quantum event)이다. 우리는 개방적이고 역동적으로 살아 있는 우주의 참여자들이다. 그리고 실제로 이 나란히 중첩된 세계에 살고 있다. 이상하게 들리는가?

그럴 수도 있으리라. 하지만 자신의 생각과 기억을 "외부의" 물리적 세계와 서로 앞뒤로 움직이는 "에너지 자원"으로 본다면, -

현대 양자물리학과 신경과학에 부합하게 될 것이다.

그래도 여전히 정신 에너지가 물리적 세계에 미치는 영향을 의심하는가?

몇 년 전에 나는 불 위를 걷는 체험을 했다(사실이다). 처음에는 빨갛게 달아오른 15피트 길이의 오크 석탄 침대를 건너는 것이었다. 나는 실패했다. 그리고 다시 줄을 섰다. 그리고 흥미롭게도, 비록 발 옆으로 주먹 크기 돌조각을 붙이며 걸었지만 나는 화상을 **전혀** 입지 않았다.

우리는 어떻게 우리의 "현실"을 창조하는가

오늘날의 양전자방출단층촬영(PET 스캔)은 생각을 할 때마다 뇌가 활동적으로 변하고 자라는 것을 "보여준다". 더 이상은 생각의 힘을 "형이상학적 이론"으로 가볍게 배제할 수 없다. "외부세계"의 각각의 이미지는 물리적 수준에서 뇌를 형성하고 변화시킨다. 그러면 이런 이미지로부터 우리의 마음은 이른바 "현실"을 구축한다. 예를 들어, 우리의 눈은 그 무엇도 정말로 "보지" 않는다. 단순히 대상에서 반사되는 빛의 다발을 모을 뿐이다. 그 빛의 다발은 전기적 신호로 뇌에 전달된다. 그리고 뇌는 과거의 경험에 따라 신호를 해석해서 당신이 무엇을 "보고 있는지" 알려준다.

과학자들은 이제 수백 년 동안 신비주의자들이 주장해온 것을 말하고 있다. - 삶은 하나의 환상이다. 외부에서 지각하는 세상이 실제로 있다는 것은 "환상"이라는 것이다.

결국 과학에 따르면, "실재 세상"은 진동하는 에너지로 만들어진다. 우리는 이제 사람은 각자 자기 신념과 기대, 과거 역사에 근거하여 자신만의 세상을 창조한다는 사실을 안다.

"그래서 이 모든 게 번영을 창조하는 것과 어떻게 연결된다는 건가요?" 이런 질문이 나올 수 있으리라. 그 대답은 이렇다. 당신이 상상하는 것, 시각화하는 것, 욕망하는 것, 또는 두려워하거나 거절하는 것이 "번영"에 관한 당신의 해석에 밀접하게 영향을 미친다.

마음으로 들어가라

정말로 "번영"이란 무엇인지 살펴보자. 신경학적 관점에서 보면, 번영은 우리의 육체 뇌에 보관되는 "정신적 개념"이다. 번영의 "개념"은 뇌의 의식적이고 합리적인 부분에 거주한다. 당신은 감정적으로 연루되는 일 없이 확실하게 "번영"의 정확한 정의를 제시할 수 있을 것이다. 하지만 "번영이 개인적으로 당신에게 무엇을 의미하는지" 묻는다면 갑자기 모든 게 달라진다.

백만분의 일초 만에 잠재의식은 과거를 방문해서 2학년 때 가장 친했던 친구네 집의 새 캐딜락과 당신 가족의 포드를 비교한다. 혹은 당신은 아마도 새 자전거를 갖고 싶었지만, 가족의 재정적 상황 때문에 "현실을 직시해라"는 말을 들었을 수도 있다. 또는 의사나 변호사가 되지 않고서는 절대로 "진정으로 부유해질 수" 없다고 들었을 수도 있다. 이런 것들은 어디에서 일어나는가? 잠재의식 깊은 곳에서 일어난다. 그리고 불행히도, 잠재의식은 저 옛날의 "가르침들"이 더 이상 타당하지 않다는 "논리적 이유"에 반응하지 않는다.

라이프스타일이 당신의 꿈에 미치지 못하는가? 잠재의식이 당신을 저지하는 원인이라고 확신할 수 있다!

문제는, 잠재의식의 제한적 신념을 "다시 찾을" 때마다 그것을 주관하는 신경망 회로가 물리적으로 강화된다는 사실이다! 이것은 이론이 아니다. 이것은 어렵지만, 관찰 가능한 과학이다!

이상적인 라이프스타일의 창조를 방해하는 잠재의식의 "작업"을 이겨내는 유일한 방법이 하나 있다. 바로 물리적 수준에서 뉴런(뇌세포)를 다시 프로그램하는 것이다.

그렇게 하는 "빠르고 쉬운" 길이 있을까? 없다! 사실을 인정하자. 그런 길이 있었더라면, 지금쯤 우리 모두는 자신이 꿈꾸는 삶을 살고 있었을 것이다.

그러나 그 성취는 불가능한 것이 아니다!

뇌는 축소하거나 성장한다

과거에는 그렇게 생각했었지만, 이제 우리는 뇌가 변할 수 없는 기관이 아니라는 사실을 알고 있다. 뇌는 실제로 "유연하다". 그리고 생각하거나 기억을 떠올릴 때마다 물리적으로 변한다.

무언가를 생각하고 지각하거나 기억하고 배울 때, 하나의 뉴런에서 다른 뉴런으로 화학적 신호가 전송된다. 그리고 그 "무언가"를 자주 생각하거나 강한 감정을 담으면, 관련된 뉴런이 물리적으로 강하게 성장한다.

무언가를 생각하거나 기억하려 하지 않으면(이를테면 좋지 않은 추억 같은 것), 관련된 뉴런망은 물리적으로 약해지다가 결국은 기능을 멈추게 된다. 물론 안 좋은 기억이 강렬한 감정과 결부되어 있다면, 시간이 좀 더 걸릴 것이다.

여기서 매우 중요하게 배울 것이 있다! 신경과학자들은 감정이 어떤 기억이나 생각을 붙들고 있는 뉴런망을 강화한다는, 매우 뚜렷한 증거를 발견했다.

감정이 마음을 재프로그램하는 데 강력한 동맹이 될 수 있는 것이다!

집중된 사고의 힘을 활용하기

이상적인 라이프스타일을 창조하기 위해 마음의 힘을 이용하는 것은 진실로 흥분되는 경험이 될 수 있다. 정말로 열망하는 라이프스타일을 창조하고 싶다고 정하고서, 실전 훈련을 해보자.

* 모든 것은 하나의 결정으로 시작된다. 결정하는 데는 오직 1초밖에 걸리지 않는다.
* 다음에 당신은 드라마틱한 단계를 밟는다(이 하나가 인생을 바

꾼다). 진지하게 이런 질문들을 한다: **"내게** 번영이란 무엇인가? 재정 상태인가? 아니면 돈은 적더라도 자유 시간을 더 많이 가지는 것인가? "번영하는" 라이프스타일을 창조하기 위해 나는 무엇을 기꺼이 포기할 것인가? 이 삶의 일상은 어떤 모습일까? 이것을 성취하기 위해 나는 무엇을 바꿔야만 할까?"

* 다음에 당신은 그것이 무엇이든지 간에 행동하는 데 헌신을 다 한다. 원하는 것을 창조하는 데 감정적으로 헌신할수록, 더 빠르게 얻을 것이다! 그것이 당신이 열정을 느끼는 것을 추구하는 것이 그렇게 중요한 이유이다!

* 마지막으로, 집중된 사고의 힘을 활용해서 뉴런망을 재프로그램한다. 여기에 뉴런을 재프로그램할 수 있는 간단한 툴이 있다.

매일 아침 3x5 사이즈의 색인 카드에 당신에게 가장 중요한 꿈을 짧게 기술하라. 그리고 카드의 뒷면에 꿈에 더 가까워지기 위해 **오늘** 할 "특정한" 일을 적어라. 이것은 현실적이고 구체적인 것으로, 오늘 이룰 수 있는 것이어야 한다! 카드를 주머니나 지갑에 넣고 그날이 끝나기 전에 그 특정한 일을 **행하라!** 한 달만 지나면 당신은 인생이 얼마나 달라졌는지 놀라게 될 것이다!

***

**질 아몬 웩슬러. 성공멘토이며 심리치료사. 저서로는 "Increase
Your Mind Power", " Zap Your Life" 등이 있다.**

지금 바로 백만 달러
수입 흐름을 창조하라!

리드 바이런(Reed Byron)

사기를 당했다고 느껴본 적 있는가?

무언가를 구입했는데 기대에 충족하지 않았던 적이 있는가? 아마 며칠도 안 돼서 고장 나거나 정말로 원했던 것이 아니라는 것을 나중에 알게 된 경험이 누구에게나 한 번쯤은 있을 것이다.

우리 대부분 살면서 최소한 한 번쯤은 이런 일을 겪었으리라. 이 얘기를 꺼내는 것은 당신이 지금 그 일에 대해 어떻게 초점을 맞추고 있는지 말하고자 하는 의도에서다. 당신은 그 일을 기억한다. 그렇지 않은가? 당신은 일어난 일을 구체적으로 기억한다. 그리고 그것 때문에 기분이 좋지 않을 것이다. 그렇지 않은가?

자, 나는 이렇게 말하고 싶다. **지금 바로,** 당신은 뭔가 다른 것에 집중함으로써 그런 생각을 **멈출 수** 있다. 수중에 백만 달러가 있다면 지금 당장 무엇을 살지 생각해보라. **새 차**나 **보트, 별장, 장난감**을 구입하거나 **불우이웃 돕기**, 또는 휴가를 내서 하와이나 다른 곳으로 **여행**가는 것을 생각할 수 있을 것이다. 어떤 사람은 직장을 그만두면서 사장에게 뭐라고 말할까 생각한다고도 했다.

그런 다음, 수중에 **백만 달러**가 있다면, 당신은 무엇을 하겠는가? 지금 바로 **백만 달러**를 가지고 있다면 그 기분과 느낌은 어떻겠는가?

이제 그것에 대한 생각을 **멈추고,** 그냥 "생각만" 하는 것이 아니라, 어떻게 하면 **지금** 실제로 그것을 만들어낼 수 있는지 생각해보라!

불가능하다고 생각하는가? 다시 생각하라!

내가 막 이끈 연습을 했다면, 속은 것에 대해 물었을 때 얼마간 화가 났었다는 사실을 알았을 것이다. 마음속에서 그 때의 경험을 상기했을 때, 당신은 말 그대로 과거에 겪었던 것과 동일한 물리적 감각을 생성한다. 마음은 그 때 당시 가졌던 것과 같은 생각과 느낌, 소리에 접근했다. 그리고 기억하면서 짜증이나 얼마간의 분노를 느꼈을 수도 있다.

다음에, **백만 달러**를 가지는 생각을 했을 때... 무슨 일이 일어났는가? 실제로 마음속에서 상상할 수 있었다면, 그 돈으로 무엇을 할지 정말로 생각했다면, 아마도 지금 살고 있는 것과는 "다른 삶"을 사는 자신의 모습을 볼 수 있었을 것이다. 그것을 보았는가? 그것을 경험했는가? 나는 했다. 그러지 않았다면 처음으로 돌아가서 이 글을 다시 읽기 시작하라. 그리고 이번에는, 마음속에서 보려고 노력하고 **백만 달러**를 가지고 무엇을 할지 솔직하게 생각하도록 하라.

사실, 마음은 우리가 생각하는 것보다 더 강력하다. 인간으로서, 우리는 말 그대로 어떤 것을 과거에서 꺼내서 다시 되살리고 또 되살리고 반복해서 되살릴 수 있다. 당신도 이런 사람을 알고 있을 것이다.

생각해보라. 일이 잘못될 때 사람들이 거의 똑같은 소리를 하는 걸 들어본 적 있지 않나? 그들은 흔히 "나는 어렸을 때 불우했어."라든가 "나는 X에 소질이 없어.", 또는 다른 부정적인 말들을 자신에게 부여한다.

당신은 과학적으로 세부적으로 들어가지 않고서도 마음을 마스터하는 것을 배워서 원하는 것은 무엇이나 삶 속으로 가져오게끔 창조적인 기억력을 활용할 수 있다. 특히, 마음을 변화시켜서 모든 형태의 풍요뿐만 아니라, 실제로 **백만 달러 수입 흐름**을 창조할 수도 있다. 바로 지금.

어떻게? 다른 사람들이 자신을 절망에 빠뜨리고 가난을 창조하는 데 사용하는 것과 같은 툴을, 당신은 행복과 번영을 가져오는 새로운 방식으로 사용해서 지금 바로 **백만 달러 수입 흐름**을 창조할 수 있다.

백만 달러를 가지고 무얼 할지 생각했던 것처럼, 다음에 나올 연습을 **매일** 실천한다면, 당신은 **백만 달러 수입 흐름**을 창조하게 될 것이다. 원하는 것을 창조하는 마음의 힘을 신뢰하면서 그것은 즉각적으로 손쉽게, 그리고 완전히 자연스럽게 일어날 것이다.

기억하라. 내가 제공하는 것은 성공을 보장하는 **확실한 스텝**들이다. 이것이 **시크릿**이다. 이것은 한 가지 이유로 대중들에게는 감취쳐 왔다. 이제 당신에게 비밀을 공개하겠다. 부탁하건대, 이 시크릿을 존중하고 진지하게 대하기 바란다.

이제 귀를 기울여다오. 이것은 매우 중요하다. 이 글을 수백만은 아니더라고 수천 명이 읽겠지만, 실천에 옮기는 것은 오직 선택된 소수만일 거라는 점을 알고 있다. 왜? 비록 **백만 달러 수입 흐름**이 당신의 삶 속으로 들어오게 된다고 해도, 당신의 측면에서 약간의 **노력**이 필요하기 때문이다. 하지만 오직 처음에만 필요할 뿐이다. 일단 시스템을 (마음속에) 설정하고 나면, 그것은 완전히 자연스럽고 노력이 필요 없게 될 것이다. 그러므로 나는 이 가치를 매길 수 없을 만치 귀중한 정보를 활용하는 **선택된 소수** 중 하나가 되라고 당신을 초대한다. 처음에 필요한 일을 하고, 인생을 수확하라. 이제 **영구적인 백만 달러 수입 흐름**을 당신의 삶 속에서 창조하는 정확한 단계들을 설명하겠다.

스텝 1: 먼저 모든 의심을 제거해야 한다. 모든 미움과 슬픔, 변명을 제거하라. 즉, 이 시스템이 당신을 위해 작동할 것이라고 **믿어야** 한다. 그렇게 될 것이기 때문이다. 그러므로 스텝 1은 이 시스템을 실천하면, 진정 효과가 있다는 믿음을 가지는 것이다. 그럴 것이라고 믿어라. 그렇게 될 것이다.

스텝 2: 하루에 딱 15분씩 혼자서 이 **백만 달러** 연습을 해야 한다. 옷장이나 욕실로 들어가든, 문을 잠그든 상관없다. 하지만 반드시 혼자서 해야 한다. 이유는 묻지 마라. 그냥 그렇게 하라.

스텝 3: 눈을 감고 15분 동안 큰소리로 다음 문장을 정확하게 말 그대로 반복하라. "매일 매 순간 수백만 달러가 지금 내게로 흘러 들어온다. 곧장, 쉽게, 자연스럽게 바로 지금."

스텝 4: 이 문장을 앞으로 두 달 동안 매일 최소한 15분씩 리드미컬하게 반복하고 또 반복해야 한다.

스텝 5: 두 달이 지나고 나면, 갖고 싶은 돈의 정확한 액수를 정하도록 하라. 예를 들어, 1백4십6만8천9백20달러를 원한다면, 이 액수를 당신의 진술에 넣어 사용하기 시작하라. 즉, "매일 매순간 1백4십6만8천9백20달러가 지금 내게로 흘러 들어온다. 곧장, 쉽게, 자연스럽게 바로 지금." 이렇게 말하는 것이다.

스텝 6: 다음 석 달 동안 위 확언을 반복하고 나서 정확한 액수의 돈을 은행에 가지고 있는 것을 생각해야 한다(정확한 액수가 찍혀 있는 통장을 보고 있는 자신을 시각화한다). 그런 다음 그 성취를 이룬 것에 기분 좋게 느낀다.

스텝 7: 정확한 액수의 돈이 당신의 삶 속으로 들어오도록 여러 가지 상황과 환경들이 발생하기 시작할 것이다. 긍정적인 마음으로(의심해서는 안 된다는 사실을 기억하라. 그렇지 않으면, 돈을 얻지 못할 것이다) 우주가 마법을 부리도록 허용하라.

스텝 8: 스텝1에서 7까지 반복하라. 이렇게 해서 당신은 **백만 달러 수입 흐름**을 얻게 될 것이다. 이제 당신은 정확하고 완벽한 단계들을 모두 배웠다. 잊지 말고 꼭 활용하기 바란다.

당신과 이 비밀을 나누게 되어 감사하다. 나는 당신의 완벽한 성공을 바란다. 그리고 **백만 달러 수입 흐름**을 창조하기 바란다... 지금!

***

리드 바이런. 마스터 최면술사

돈은 환상이며 그림자다

데이빗 카메론(David Cameron)

부유해지는 첫 번째 단계는 부가 무엇인지 아는 것이다. 부가 진정으로 무엇인지, 본질이 무엇인지 아는 사람은 거의 없다. 부란 무엇인가? 부의 원인은 무엇인가? 부의 상징인 돈과 함께 시작해 보자. 그런 다음에 더 깊게 들어가기로 하자.

돈은 실재하는 것이 아니다.

돈은 단순히 법정화폐, 교환의 수단일 뿐이다. 우리는 가치를 교환하기 위해서 돈을 사용한다. 그것은 가치를 나타낸다.

돈은 가치의 "몸"이다. 그것은 우리 안에서 올라가기도 하고 내려가기도 하는 가치를 물리적으로 표현한 것이다. 가치는 우리 외부의 어떤 '사물'에 있는 것이 아니라 우리 안에 있는 것이다. 우리가 없다면, 자동차 따위에 무슨 가치가 있겠는가? 전혀 없다. 최소한 우리에게는. 달리 말해, 사물에 가치를 부여하는 것은 우리 관찰자들이다. 하지만 이 가치는 진실로 우리 안에 있는 것이다. 우리가 물질에 가치를 부여한다. 물질은 자체에 아무런 "금전적" 가치가 없다. 우리가 가치를 부여하는 것이다. 그러므로 돈은 우리 안에 있는, 당신 안에 있는 가치의 특정 부분을 물질적으로 드러내 표현한 것이다. 그래서 오늘 백만 달러짜리 집이나 주식이, 관련된 사람들이 두려움을 갖게 될 때 하루아침에 반쪽짜리로 가치가 떨어질 수 있다. 두려움이 당사자들의 내적 가치 중 일부를 소멸시켜서 그것이 가치의 "몸", 화폐로 반영되는 것이다.

심지어 손으로 만질 수 있는 종이돈도 돈 전부를 대표하지 못한다. 합리적으로 그럴 수도 없다. 나라마다 다르겠지만, 어떤 조사에 따르면 은행에 있는 돈의 오직 4%만이 실제 화폐로 존재한다고 한다. 모든 사람들의 은행계좌에 있는 돈을 진짜 돈으로 찍어내려면 얼마나 많은 목화, 린넨, 펄프와 금속이 필요할지 상상해보라. 이 모든 돈을 지폐 형태로 쌓아두려면 또 얼마나 많은 공간이 필요하겠는가. 당신이 1달러 지폐로 백만 달러를 쌓는다고 하면 그 무게는 1톤, 높이는 361피트(약 110미터)에 달할 것이다. 뿐만 아니라 더 이상 돈은 금(金)본위제로 저장되지도 않는다. 정확히 같은 이유에서이다. 우리는 이미 1970년대에 금본위제를 유지할 수 있는 능력이 고갈되었다.

그렇다면 우리가 항상 얘기하고 있는 '돈'은 무엇으로 존재하는 것일까? 음, 그것은 하나의 거대한 환상이다. 그것은 종이와 컴퓨터 저장장치에 기록된 숫자일 뿐이며, 더 정확하게는 기업과 투자로서 사람과 단체에 할당된 기록일 따름이다! 달리 표현해서, 100달러 중 오직 4달러가량만 지폐나 동전으로 존재하고 나머지 96달러는 은행이나 기업, 여타 단체 등의 장부와 컴퓨터에 기록된 숫자에 지나지 않는다는 것이다. 이런 시스템이 붕괴하지 않는 유일한 이유는 우리 모두가 그것을 믿고 있기 때문이다. 사람들이 시스템을 믿을 수 없게 된 마지막 때는 대공황이 시작되기 직전이었다. 그 때 수많은 사람들이 은행으로 몰려가서 돈을 회수하려 했지만 대부분 허탕을 칠 수밖에 없었다. 이것이 대공황을 일으킨 원인은 아니지만, 크게 가속화시킨 요인이 되었다.

그러므로 돈은 실재가 아니라 뭔가 다른 것이다. 돈은 그저 다른 무언가의 그림자에 불과하다. 부로 향하는 첫 번째 단계는 돈이 정말로 무엇인지, 아니 보다 정확하게는, 무엇을 표현하는지 알아내는 것이다. 가급적이면 돈을 바라보지 않는 것을 배우도록 하라. 곧 알게 되겠지만, 돈을 오늘날처럼 현금, 은행계좌, 비용 등으로 보게 된 것은 매우 이례적인 것이다. 돈은 그림자에 불과하며 실재하는 것이 아니다. 그림자, 물질적인 돈을 보는 것은 곧 알게 되겠지만, 당신과 당신의 재정을 위해 대부분의 경우 매우 현명하지 못하며 해롭기까지 하다.

대신, 당신과 사람들에게 내재된 가치, 그리고 이 가치가 사람들 사이에서 흐르고 교환되고 있는 것을 보라. 돈을 창조하는 것은 우리의 내재가치이다. 돈은 우리의 내재가치의 그림자이다. 당신과 사람들 안에 있는 이 내재가치를 계발하라. 그러면 돈과 부는 거기에 상응하여 자동적으로, 틀림없이 따라올 것이다.

하지만 이것을 기억해야 한다. 돈이 내재가치를 나타내지만, 내면의 가치 전부를 대표하는 것은 아니다. 이것은 매우 중요하다. 돈은 한 사람의 모든 가치를 대표하지 않는다. 오직 부와 관련된 내재가치를 대표할 뿐이다. 그러므로 부유한 사람이 가난한 사람보다 더 높은 자부심이나 가치를 가지고 있다고 말할 수는 없다. 돈과 관련된 점에서 부유한 사람이 더 높은 내재가치를 가지고 있거나 이 내재가치를 더 높은 비율로 발휘했다고 말하는 것이 정확한 표현이다. 이처럼 돈으로, 외형적으로 반영되는 이 내재가치를 번영의식(Wealth Consciousness)이라고 한다. 이것은 모든 사람이 똑같이 사용할 수 있고 개발할 수 있다. 공기와 같이 우리가 살아 있기 위해 중요한 다른 모든 것들처럼, 번영의식도 모든 사람에게 공짜이다. 하지만 그것을 개발할지 안할지, 발휘할지 안할지는 당신이 선택할 수 있다. 당신은 언제든지 선택을 바꿀 수 있고, 외부의 그 무엇도 당신을 막을 수 없다.

번영의식, 그리하여 돈을 증가시키기 위해 당신 외부의 무엇도 필요하지 않다. 필요한 모든 것이 바로 지금 당신 안에 있다. 당신은 잊었을지 모르지만, 바로 거기에 있다. 이제는 기억하게 될 것이다. 그리고 그 첫 번째 단계는 돈이 실재가 아니라는 것, 다른 것의 그림자라는 사실을 항상 기억하는 것이다.

그리고 여기에 또 다른 비밀이 있다. 번영의식은 단순히 의식과 지각이 참나(Self)의 풍요로운 영역 속으로 확장된 것이다. 그것이 번영의식을 키우기 위해 필요한 모든 것이 이미 당신에게 내재되어 있는 이유이다. 당신은 이미 부유하지만 부를 경험하지 못하도록 길들여져 왔다. 이것을 깨달으면 모든 것이 달라진다. 부유한 사람들처럼, 이제 당신은 방법을 알고 부유한 자신을 경험하기로 선택할 수 있다.

당신에게는 평생에 체험할 수 있다고 생각하는 것 이상으로 부유해질 능력이 있다. 어떤 방법이나 조건 때문에 부자가 될 한계에 이미 도달했다고 걱정할 필요가 없다. 뿐만 아니라 번영의식을 현금으로 바꾸는 방법도 알 필요 없다. 곧 알게 되겠지만, 그것은 자동적으로 일어날 것이다. 필요한 것은 번영의식을 확장하고 연습하여, 거기에 근거하여 행동하고 그런 존재가 되는 것뿐이다. 그러면 번영의식이 현금으로 전환될 상황과 기회가 저절로 모습을 드러낼 것이다. 오늘날 매우 부유한 사람들 중 누구도, 부자가 되기 전에는 그들을 엄청난 부로 이끌었던 사건들의 순서를 정확히 예견하고 계획하지 않았을 것이다. 아마도 목표와 계획은 가지고 있었겠지만, 수많은 "우연"과 기회들이 결코 예상할 수 없었던 방식으로 찾아왔다고 할 수 있다. 그들에게 다가와서 목표를 초과달성하게 했던 길들은 놀랍도록 지적이면서 예견할 수 없었던 것이었다. 이제는 당신의 인생에서 그런 우연과 기회를 만드는 방법을 보게 될 것이다. 사건들의 순서를 예견할 수는 없을지 몰라도, 확실히 당신의 인생에서 "운 좋은 우연의 일치"가 매일 일어나게 할 수 있다.

그런데, 실재가 아닌 것은 돈만이 아니다. 당신을 둘러싼 많은 것들, 당신이 진짜라고 믿고 붙들고 있는 것들도 결코 실재가 아니다. 당신은 아름답고 힘을 실어주며 자유로운 여행을 시작할 것이다. 이 여행은 예전에는 절대 알지 못했던 방식으로 당신의 세상을 정확하게 보여줄 것이다. 이것은 당신을 눈뜨게 하고 당신의 날개를 자유롭게 해줄 여행이다. 당신은 인생의 "엔진"을 보게 될

돈은 환상이며 그림자다   81

것이다. 그리고 세상을 원하는 대로 주문제작하는 법을 배우게 될
것이다.

　　당신은 곧 번영의식을 얻게 될 것이다. 일단 번영의식을 얻게
되면, 성공과 부를 피하기가 매우 어려워질 것이다. 그렇다, 지금
제대로 읽었다. 일단 번영의식을 가지게 되면, 성공하고 부유해지
지 않는 것이 매우 어려워진다는 것이다. 당신이 가는 곳마다 성
공과 부가 자동적으로 따라올 것이다. 성공과 부를 어떻게 찾을지
신경 쓸 필요가 없다. 그것들이 스스로 당신을 찾을 것이다. 당신
은 전에는 꿈도 꾸지 않았던 인생의 다른 측면들, 진실로 경이로
운 참나와 생명의 차원들을 자유롭게 경험하게 될 것이다. 행복
또한 마찬가지이다.

　　***
　　**데이빗 카메론 기간디. "돈으로 가득 찬 행복한 주머니 A
Happy Pocket Full of Money"의 저자**
　　홈페이지 www.ImagesOfOne.com

고갈되지 않는 번영을 위한
마인드파워 최면

앨런 튜트(Alan Tutt)

돈을 끌어당기기 위해 마음의 힘을 사용하는 것은 정말로 인생에서 다른 어떤 경험을 창조하기 위해서 마음의 힘을 사용하는 것과 다르지 않다. 원리는 똑같다.

1) 당신은 힘과 강하게 연결해야 한다.
2) 당신은 원하는 것을 창조하는 방향으로 명확한 마음의 초점을 사용해서 힘을 지휘해야 한다. 그리고
3) 당신이 하고 있는 것에 신념을 가져야 한다.

이 과정에 도움이 되는 다른 조건들이 있지만, 이 세 가지가 마음의 힘으로 어떤 걸 성취하기 전에 필수적인 핵심조건들이다. 대부분의 사람들에게는 여기에 한두 가지 문제가 있다. 그래서 돈을 끌어당기는 노력이 성공보다 실패로 떨어지는 경우가 많다. 하지

만 최면을 통해서 이 세 가지 조건을 제어하고 발전시킬 수 있다.

마음의 힘을 개발하는 방법에 관련된 가장 전통적인 가르침에 대해 생각해보면, 일반적으로 명상과 확언, 또는 복잡한 의식이나 시각화를 강조한다. 이러한 연습들은 최면과 동일한 조건들을 만들기는 하지만 변화를 만드는 힘이 훨씬 약하다. 최면과 함께라면, 보다 깊은 수준의 마음을 사용할 수 있고, 힘의 근원에 더 가까이 다가갈 수 있다. 이것은 당신의 모든 노력을 더 효과적으로 만들어준다.

다음은 돈과 꾸준한 번영의 흐름을 끌어당기기 위해 마음의 힘의 근원으로 들어가는 최면법의 샘플이다. 이 원고를 가장 잘 사용하는 방법은 자기 목소리로 녹음을 해서 듣는 것이다. 녹음을 들으면서, 마음의 더 깊은 차원으로 들어가고 **힘의 근원**에 더 가까이 다가갈 수 있다. 녹음을 사용할 때는, 원고의 내용에 초점을 맞추고 시각화할 수 있도록 시간을 충분히 마련해놓기 바란다. 묘사하는 이미지를 상상하고, 그것이 당신의 전반적인 현실이 되도록 하라. 원고에 집중해서 주변 환경을 의식하지 않게 되면, 힘의 근원에 접근하게 될 것이다.

고갈되지 않는 번영을 끌어당기기 위한
최면 원고

이제, 몸의 긴장을 완전히 푸시기 바랍니다. 팔과 다리의 근육이 모두 느슨해지면서 긴장이 완전히 풀립니다. 지금 당장 당신이 할 일은 절대적으로 아무것도 없기 때문에 100% 긴장을 풀어도 좋습니다. 그저 축 늘어지고 느슨하다고 생각하세요. 몸이 알아서 따라올 겁니다. 늘어지고 느슨하게. 자신이 구름 위에 떠있는 헝겊인형이라고, 또는 부드럽게 넘실거리는 바다에 떠있는 뗏목이라고 상상해보세요. 많은 공간이 열려 있습니다.

이제 의식을 호흡에 집중하세요. 편안하고 깊게 숨을 들이마십니다. 천천히 편안하게. 숫자를 3까지 세면서 숨을 들이마십니다. 하나, 둘, 셋. 숨을 내쉴 때는 다섯까지 숫자를 셉니다. 하나, 둘, 셋, 넷, 다섯. 이것을 몇 번 반복합니다. 셋까지 숫자를 세면서 들이마시고, 다섯까지 세면서 숨을 내쉽니다. 셋까지 세면서 들이마시고, 다섯까지 세면서 내뱉습니다. 좋습니다. 아주 잘하고 있습니다. 숨을 마시고 내뱉을 때마다 당신은 점점 더 긴장이 풀리고 이완되고 있습니다. 몸의 긴장이 풀리면서, 집중력이 더 좋아집니다.

이제 육체적으로 완전히 긴장이 풀렸기 때문에, 이제는 영적인 차원으로 들어갑니다. 아직 눈을 감지 않았다면, 지금 눈을 감으시기 바랍니다. 당신은 이제 자기 자신 속, 매우 안전한 곳으로 깊이 들어가고 있습니다. 당신은 지금 영적인 힘의 근원에 점점 더 가까워지고 있습니다. 영적인 힘의 근원에 가까워질수록, 기분이 점점 더 좋아집니다. 이것은 매우 기쁘고 즐거운 경험입니다. 내가 당신에게 말하고 있는 동안에도, 당신은 자신의 영적인 힘의 근원에 점점 더 계속해서 가까워지고 있습니다. 당신 앞에 내면의 자아로 인도하는 계단을 상상할 수 있습니다. 이것은 돌봄과 자부심으로 구축된, 안전하고 튼튼한 계단입니다. 또한 이 계단에는 부드러운 빛이 있습니다. 이제 계단을 바라보시기 바랍니다.

이 계단은 21개로 이루어져 있습니다. 나는 당신 내면의 자아의 가장 깊은 곳까지 내려가면서 계단을 하나씩 세겠습니다. 계단을 하나씩 내려갈 때마다, 당신은 더 큰 평화와 평온, 사랑을 느끼게 될 겁니다. 이제 내려가겠습니다. 우리는 맨 위쪽 스물한 번째 계단부터 시작합니다. 첫 번째 계단을 내려갑니다. 이제 아래쪽으로 스무 개의 계단이 남아 있습니다. 한 계단씩 더 내려갑니다. 남은 계단이 열아홉, 열여덟, 열일곱 개가 됩니다. 계단을 하나씩 내려갈 때마다 당신은 자신의 영적 힘의 근원에 가까워집니다. 열여섯, 열다섯, 열넷, 열셋, 열둘. 이 장소에서 당신은 명확하게 안

전함과 보호받는 느낌을 받습니다. 거의 오랜 여행 끝에 집으로 돌아오는 것만 같습니다. 열하나, 열, 아홉, 여덟, 일곱, 여섯. 더 깊이 더 깊이 내면의 자아로 들어갑니다. 다섯, 넷, 셋, 둘, 하나. 이제 계단의 맨 아래로 이르렀습니다. 당신은 존재의 가장 깊숙한 중심에 도달했습니다. 잠시 쉬면서 평화와 수용, 그리고 사랑이라는 새로운 느낌에 적응해보세요.

이내 문이 하나 있는 게 보입니다. 이 문은 모든 힘의 근원으로 인도하는 문입니다. 문을 열고 들어가는 것만으로도, 당신은 내면으로부터 방사하는 경이로운 힘을 느낄 수 있습니다. 이제 문을 열고 안으로 들어가도 좋습니다.

이 안에서 압도적일 정도의 힘의 감각이 느껴집니다. 하지만 당신은 재빨리 그것에 익숙해집니다. 당신은 그 안에 진하게 깔려 있는 힘을 흡수하기 시작합니다. 숨을 쉴 때마다 힘이 안으로 들어옵니다. 한 호흡 한 호흡 숨을 들이실 때마다 더 많은 힘이 당신의 존재 안으로 들어오고 숨을 내쉴 때마다 그것이 당신의 일부가 됩니다. 당신이 숨쉬고 있는 이 힘이 더 많은 능력과 힘을 주면서 당신을 변형시키고 있습니다.

곧, 당신은 당신의 새로운 능력 중 하나가 우주의 모든 것과 연결하는 감각임을 알아차립니다. 당신의 마음으로 더욱더 많은 정보를 이용할 수 있습니다. 당신은 정보를 판단하고 분석하는 데 있어 더 현명하고 지혜로우며 탁월해지고 있습니다. 이것은 새로운 사업상의 계약이나 돈벌이 기회를 조사하고 확인할 때 유용한 도움을 줄 것입니다. 당신은 무엇이 이익이 되고 헛되지 않을지에 관한 신비로운 감각을 가지게 될 것입니다. 당신은 이제 돈을 버는 최고의 길은 세상이 필요로 하는 것을 제공하는 것임을 이해합니다. 또 좋은 가격에 좋은 것을 세상에 제공할 때 원하는 대로 많은 돈을 벌 수 있다는 사실도 이해합니다. 그리고 숨을 쉴 때마다 우주와의 이 연결은 점점 더 강해지고 확실해집니다. 더 많은 힘을 숨 쉬고 이 새로운 능력이 당신의 영원한 일부가 되도록 허용하세요.

이제, 당신은 또 다른 새로운 능력을 알아차립니다. 당신은 예전보다 훨씬 더 마음을 집중시킬 수 있습니다. 당신은 확고한 의사결정을 내릴 수 있고, 중요하지 않은 세부적인 것에 산만해지지 않습니다. 이 새로운 능력은 비즈니스에서 작업하고 끝나지 않는 번영을 만들 때 매우 중요해질 것입니다. 또한 특정한 조건을 만들도록 힘을 지시하고 있을 때 이 새로운 능력은 중요한 역할을 할 것입니다. 그리고 숨을 쉴 때마다, 마음을 집중하는 능력은 더욱더 좋아지고 계속해서 좋아집니다. 더 많은 힘을 숨쉬고 이 향

상된 능력이 당신의 영원한 일부가 되도록 허용하세요.

지금 여기에 있는 동안, 우리는 또 가능한 모든 방향에서 당신의 인생에 돈을 가져다줄 돈의 자석을 창조하기 위해 이용할 수 있는 무한한 힘을 사용할 것입니다. 주위를 둘러보면 이상하게 보이는 기계가 보일 것입니다. 그 기계로 걸어가세요. 힘이 점점 더 강해지는 것이 느껴집니다. 이 기계에는 커다란 안테나가 부착되어 있고 두 손을 얹을 수 있는 금속 원반이 앞에 놓여 있습니다.

두 손을 원반 위에 놓고 원하는 것에 마음을 집중합니다. 그러자 기계가 당신의 마음에서 이미지를 수신하여 당신이 바라는 것을 창조하는 힘과 함께 우주를 향해 이미지를 방사합니다. 돈과 돈으로 할 수 있는 모든 것을 시각화하세요. 많은, 아주 많은 돈을 상상하세요. 돈이 산처럼 높이 쌓이고 넘쳐흐릅니다. 많은, 아주 많은 돈을 가지면서 흥분하세요. 이 돈을 가지면서 당신이 경험할 감사와 만족의 느낌을 즐기세요. 당신의 손을 통해 이 모든 것을 기계 속에 퍼부으세요. 더욱더 많은 돈의 이미지와 돈이 당신을 위해 할 수 있는 것들의 이미지로 기계를 계속 채우세요. 힘 속에서 호흡을 계속하면서, 더 많은 돈의 이미지와 당신이 가질 즐거움을 기계 속으로 보내세요.

할 수 있는 최대한으로 기계 속에 이미지를 투여하고 나면, 손을 떼고 한 걸음 뒤로 물러납니다. 긴장을 풀고 기운을 재충전합니다. 당신은 자신이 상상한 돈과 다른 모든 것으로 당신 자신을 위한 미래를 창조했습니다. 그것도 아주 잘했습니다. 잠시 앉아서 이 장소의 힘을 계속 호흡하세요. 힘 속에서 숨을 쉴 때마다 당신의 새로운 능력은 점점 더 강해지고 영구해질 것입니다.

삼라만상과의 연결이 점점 더 강해지고 있으며, 당신은 자신이 할 비즈니스에 대해 점점 더 많이 알 수 있습니다. 당신은 어떤 프로젝트가 이익이 될지와 무엇을 피해야 할지 알 것입니다. 이제 비즈니스 프로젝트를 위한 새로운 아이디어들이 당신에게 다가옵니다. 당신은 즐겁게 일하고 또한 세상을 부유하게 하는 데 크게 기여합니다. 당신은 자신이 세상에 제공하는 것을 시장에 내놓고 판매하는 방법을 알게 됩니다. 그리고 당신 안에서 새로운 초점과 결정이 성장하면서, 당신의 성공은 더욱더 확실하게 보장됩니다.

이제 바깥세상으로 돌아갈 시간입니다. 당신을 이 특별한 장소로 인도한 문을 찾으세요. 문을 지나 다시 스물한 개의 계단이 있는 곳으로 돌아갑니다. 첫 번째 계단을 발로 딛자, 여기서 했던 모든 것들이 마음속에서 다시 리허설 됩니다. 당신은 이 짧은 시간 동안 많은 발전을 이루었습니다. 그것은 멋진 경험이었습니다.

하지만 이제 바깥세상으로 돌아가서 여기서 얻은 지식과 지혜, 힘을 활용할 준비가 되었습니다. 이제 계단을 올라가기 시작합니다.

계단을 올라갑니다. 하나, 둘, 셋, 넷, 다섯. 자기 자신과 자신이 만든 진보가 매우 만족스럽게 느껴집니다. 여섯, 일곱, 여덟, 아홉, 열. 계단 꼭대기에 오르면, 우리는 바깥세상에 있게 될 것입니다. 그리고 일을 해나갈 준비가 되어 있을 겁니다. 계단을 오릅니다. 열하나, 열둘, 열셋, 열넷. 점점 더 깨어나고 있습니다. 몸이 다시 느껴지기 시작하고 있습니다. 열다섯, 열여섯, 열일곱. 깊게 숨을 들이쉬세요. 몸에 에너지가 다시 충만해지는 것을 느낍니다. 열여덟, 열아홉. 거의 다 깨어났습니다. 몸과 마음이 매우 신선해졌고 만족감이 느껴집니다. 스물, 그리고 스물하나. 이제 완전히 깨어났습니다. 주변의 모든 것이 의식됩니다. 눈을 뜨고 당신이 창조한 새로운 삶을 맞이하시기 바랍니다.

이 최면 세션을 하면서 당신은 인생의 많은 변화를 만들었다. 많은 것들이 전에 기억하는 것과는 달라진 것처럼 보일 것이다. 이것은 정상적이고 예상되는 것이다. 바뀐 것들은 모두 발전이고 개선이다. 따라서 당신은 그 달라진 것을 즐길 수 있을 것이다. 인생의 새로운 조건에 적응하도록 자신에게 충분한 시간을 주도록 하라. 이 세션 동안 만든 변화가 정착되는 것을 느낄 때, 당신은 인생에서 더 많은 개선을 만들기 위해 세션을 반복할 수 있을 것이다. 그리고 항상 원했던 모든 것을 찾게 될 것이다. 하나님의 은총이 당신과 함께 하기를 기원한다.

***

앨런 튜트. The Keys to Power system을 만들고 "Keys to Power Prosperity."를 저술했다.

2부

* 억만장자의 비밀 - 앨런 세이즈

* 모든 꿈을 성취하는 새로운 방법 - 스튜어트 리히트먼

* 부를 창조하는 것에 관한 여덟 가지 신화 - 니콜라 그루비사

* "부유한" 사람들이 생각하는 6가지 방법 - 허브 에커

* 특정방식으로 행동하기 - 월러스 워틀스

* 의식으로 성공하기 - 레메즈 사손

* 원인과 결과의 법칙 - 톰 페인

* 큰 목표를 달성하는 무언의 비밀 - 죠 비태일

억만장자의 비밀

앨런 세이즈(Allen Says)

워싱턴 시의 날씨는 더할 나위 없이 음울했다. 루이지애나의 순수한 자연으로 돌아갈 수 없었던 나는 정류장 벤치에 앉아서 버스를 기다리고 있었다. 내가 앉아 있는 벤치 한쪽 끝은 누군가의 피로 시뻘겋게 물들어 있었다. 나는 우리나라를 찾는 관광객들이 워싱턴은 절대로 들르지 않기를 진정으로 소망한다.

어쨌든, 버스가 오기 전에 말쑥하게 차려입은 한 노신사가 내게 다가와 길을 물었다. 나는 그에게 나 또한 지나가는 길이라서 잘 모르겠다고 말했다. 그러고서 오늘날까지도 이유는 모르겠지만, 우리는 마치 몇 년 동안 알고 지냈던 사람들처럼 대화를 나누기 시작했다.

우리는 인생과 사람에 대해서 얘기했다. 그리고 얼마 안 있어 대화는 비즈니스로 들어갔다. 내 생각에, 이 노신사는 내게서 뭔가를 본 것 같았다. 그래서 내게 이제껏 말해온 중 가장 위대한 비밀을 알려주겠다고 제안했다. 그는 모든 사람이 그것을 들었고, 그것을 이용하는 사람에게 행운을 줄 수 있는 것이었지만, 거의 누구도 거기에 주의를 기울이지 않았다고 말했다.

거기서 내 귀가 꼿꼿이 세워지기 시작했다. 그의 말투에 담긴 무엇인가가 내게, 이 남자는 자신이 말하는 것을 알고 있다는 사실을 말해주었다. 그리고 나는 그 비밀이 무엇인지 열정적으로 알고 싶어졌다. 그가 나의 불안을 감지했나 보다. 그는 그 순간 내게 거의 질책에 가까운 경고를 주었다.

여기서 나는 최선을 다해 우리의 대화를 되살려 보고자 한다.

그: "전에 들었다고 해서 내가 당신에게 말하려 하는 걸 무시하는 실수를 저지르지 마세요. 의심의 여지없이 살면서 최소한 한 사람한테서 이미 들었을 겁니다. 어쩌면 아주 많이 들었을지도 모르죠. 혹시 종교에 대해 무슨 반감이나 혐오라도 가지고 있나요, 세이즈 씨?"

나: "아뇨, 그렇지 않습니다. 많은 설교자들이 자신이 무엇에 관

해 얘기하는지 또는 자기가 가르치려고 하는 걸 알고 있다고는 믿지 않습니다. 하지만 성경에는 많은 위대한 지혜가 있다는 것은 알고 있습니다."

그: "좋습니다. 이것은 성경에 나오는 것이므로 당신에게 말하려 하는 것을 무시하지 않기 바랍니다. 하지만 그 안에 담긴 함축적인 내용은 대부분의 사람들이 생각할 수 있는 범위를 훨씬 넘어서는 것입니다. 그 힘을 어렴풋이나마 알아차리기 위해서는, 당신 입장에서는 많은 생각과 집중적인 고려가 필요할 것입니다."

"이 단순한 비밀이 비즈니스에 적용되면, 물이 산 아래로 흐르는 것처럼 돈이 쉽게 당신에게로 끌려올 것입니다. 바보조차도 이걸 적용해서 번영할 수 있습니다. 인간관계에 적용해서는, 당신이 처리할 수 있는 이상의 우정을 만들어내게 될 것입니다. (여기서 그는 진심으로 웃었다.)

나: "그게 뭔가요? 정말 알고 싶어 조바심이 나는군요."

그: "인내심을 가지세요, 세이즈 씨. 참으세요. 나는 그것이 의미하는 바에 대해 존경심과 아무런 지식도 없는 바보들에 의해 항상 반복된 것처럼 당신에게 주지는 않을 겁니다. 아니, 당신에게

다른 식으로 드릴 겁니다. 당신은 어떤 비즈니스에 관심이 있나요?"

나: "음, 지금은 취미 삼아 우편 주문 사업을 하고 있습니다. 하지만 광고를 게재하고 책을 판매하고 싶습니다."

그: "좋습니다, 좋아요. 우편 주문 사업이라. 우편 주문 사업에서 행운을 창조하는 방법을 알려드리겠습니다. 당신이 할 일은 자신이 사고 싶은 상품을 만들어내는 것뿐입니다."

나: "이해가 안 되는데요."

그: "곧 알게 될 겁니다."

"있죠, 당신이 곧 시장입니다. 당신이 무엇을 원하든지 간에, 똑같은 것을 원하는 수백만의 다른 사람들이 있습니다. 당신이 찾고 있는 제품이 다른 수백만 명의 사람들 또한 지금 찾고 있는 제품입니다."

"당신이 할 일은 본인이 사고 싶은 물건을 만들어내는 것입니다. 당신 자신이 찾아 헤맨 제품요. 일단 이 제품이 있으면, 이것이 당신이 찾고 있던 제품이란 걸 알 수 있도록 어떤 세일즈 메시지를 전달하고 싶습니까?"

"이 제품을 다른 곳에서 판매하고 있을 경우, 광고에서 뭐라고 말해야 이 제품을 구입하고 싶은 마음이 들겠습니까? 이 질문에 대한 대답이 곧 당신이 만들어야 할 광고입니다."

나: "알겠습니다." (주저하면서)

그: "이 거리에서 움직이고 있는 비즈니스들이 보이나요? 피자. 나는 저기서 움직이는 사업을 10분 안에 두 배로 만들 수 있습니다. 사실, 내가 하는 일이 그것이죠." (미소)

"내가 할 일의 전부는 고객으로서 그 사업 안으로 들어가는 것입니다. 나는 거기 앉아서 죽을 때까지 나를 충성스런 고객으로 만들기 위해 내게 행해질 수 있는 모든 것을 상상합니다. 나를 그런 기분이 들게 하기 위해 그들이 내게 무엇을 할 수 있을까요?"

"일단 이 질문에 대한 답을 가지게 되면, 나는 그것을 국경을 넘어 실천할 겁니다. 모든 고객이 내가 상상한 대로 대접받을 터이고, 그리고 의심의 여지없이 어떤 사업이든지 지금보다 세 배의 이익을 창출하게 될 것입니다."

나: "알 것 같습니다..."

그: "기다려요, 당신은 아직 정말로 알지 못합니다. 이것이 사람들의 문제입니다. 사람들은 지식이 나온 출처나 이미 여러 차례 들었다는 이유로 종종 그것을 무시합니다. 당신도 그런 바보가 되지는 마세요. 깊이 생각하고 실천에 옮길 때까지 당신은 그것을 "알고 있지" 않습니다."

나: "알겠습니다."

그: "내가 말하고 있는 것은 전혀 예상외의 힘을 가지고 있습니다. 단순한 말로는 그 안에 담긴 의미를 묘사할 수 없습니다. 이것을 함부로 정의내리지 마세요. 이것은 심지어 뇌세포 하나 쓰지 않고 되는 대로 말하는 입이 가벼운 사람들에 의해 너무도 값싸게 팔려왔었습니다."

"내가 말하고 있는 것은 법칙입니다. 인간의 법이 아니라, 자연의 법칙 자체를 말하는 겁니다. 그것은 사물이 작동하는 방식이고, 이것을 진정으로 이해하는 사람들은 인간에게 알려진 모든 분야에서 정상에 우뚝 서게 됩니다."

"사람들이 이해하지 못하는 것은 이것이 모든 것에 적용된다는 사실입니다. 이 비밀을 실제로 당신이 취하는 모든 단계, 당신이 하는 모든 일, 당신이 하는 모든 말, 그리고 그것에 의해 이익을 얻는 모든 사람에게 적용할 수 있습니다."

"당신이 작가라면, 세상에 나왔으면 하고 바라는 글을 쓰세요."
"세일즈맨이라면, 팔렸으면 하고 바라는 물건을 파세요."
"강연자라면, 당신이 들었으면 하고 바라는 내용을 말하세요."
"더 많은 사랑을 원한다면, 사랑받고 싶은 대로 사랑하세요."
"더 많은 친구를 원한다면, 자신이 만나고 싶은 친구가 되세요."

"모든 것에 이 비밀을 주입할 때, 그것은 마법의 힘을 발동시킵니다. 기업은 시장을 지배하고, 책은 베스트셀러가 되며, 지도자는 거대하고 충성스런 지지자들을 끌어당깁니다."

"당신은 어떻게 하시겠습니까?"
"당신은 그것에 어떻게 반응할까요?"
"그것이 당신의 기분을 어떻게 만들어줄까요?"

마인드파워 마스터들이 전해주는 돈의 비밀

"이것들이 당신이 무언가를 하거나 창조할 때마다 생각하기 좋은 질문들입니다. 그것이 당신에게 어떻게 되었으면 좋을까 하고 먼저 생각한다면, 당신은 당신의 영향을 받는 모든 사람들의 심장과 마음을 얻게 될 것입니다."

"내가 언급하려는 성경 구절을 당신도 이미 알고 있을 겁니다. 하지만 말하지는 마세요. 그냥 곰곰이 생각하고 실천에 옮기세요."

나: "알겠습니다. 하지만 그것을 실제로 인생의 모든 분야에 어떻게 적용할 수 있을지는 한 번도 생각해본 적이 없습니다. 나 또한 두 번 생각하지 많고 너무도 많은 것을 그냥 흘려버린 바보 중 하나였습니다. 이런 귀중한 지식을 함께 해주어 정말로 감사합니다."

그: "당신과 대화 나눠서 정말로 즐거웠소, 세이즈 씨. 편안하고 안전한 귀가되시기 바랍니다."

그러고 나서 그는 가버렸다. 재미있는 사실은, 집으로 향하는 버스에 올라타고 나서야 내가 그의 이름도 모를뿐더러, 그에게 내 이름도 알려주지 않았음을 깨달았다는 것이었다. 아마도 그는 내 여행 가방의 태그를 보았을지 모른다. 확실하게는 모르겠다. 하지만 그것은 정말로 중요한 게 아니다. 중요한 것은 지난 15년 동안 내가 그의 조언으로부터 많은 이익을 얻었다는 사실이다.

나는 정말로 능숙하지도 못하면서도 지금도 엄청난 양의 돈을 끌어당기고 있다. 특히 인터넷에서. 인터넷은 이 지식이 진정으로 빛을 발할 수 있는 곳이다. 사람들은 항상 나의 비밀이 뭐냐고 묻는다. 어떻게 이 모든 경쟁자들 속에서 같은 제품으로 지금까지 훌륭하게 살아남아 번성하고 있냐고.

이 하나의 단순한 비밀이 그 답이다. 나는 항상 내 자신에게 묻는다. 나는 이 친구들에게 어떻게 대접받고 싶은가? 나는 무엇을 보고 싶어 하는가? 나는 무엇을 얻고 싶은가? 나는 어떻게 대우받고 싶은 것인가?

이러한 단순한 질문들이 당신이 대답해야 할 전부이다. 대답을 얻을 때, 그것을 행동에 옮겨라. 그리고 어떤 결과가 나타나는지 지켜보라.

당신이 찾아 헤맨 사이트를 만들어라
세상에 나왔으면 하고 바라는 글을 써라.
이런 물건이 나왔으면 하고 바라는 상품을 팔아라.

마인드파워 마스터들이 전해주는 돈의 비밀

이런 소리를 들었으면 하고 바라는 말을 상대에게 하라.

대접받고 싶은 대로 남을 대접하라.

당신을 위해 창조되었으면 하고 바라는 것을 창조하라

남들에게서 받고 싶은 대로 남들을 즐겁게 하라.

***

알렌 세이즈의 "인터넷에서 국제적인 거두가 되는 법(How To Become A Global Internet Tycoon)"에서 인용.

마인드파워 마스터들이 전해주는 돈의 비밀

모든 꿈을 성취하는 새로운 방법

스튜어트 리히트먼(Stuart Lichtman)

원하는 것을 말해보세요. 그것은 살빼기일 수도 있고, 돈일 수도, 판매 할당량일 수도, 새 집이나 인간관계 등이 될 수도 있습니다. 전적으로 당신에게 달린 문제입니다.

이 책이 돈에 관한 것이므로, 돈이라는 목표에 대해 생각해봅시다. 아무튼, 당신은 얼마나 많은 돈을 쫓고 있나요? 1백 달러? 몇천 달러? 백만 달러?

이제 당신에게 단도직입적으로 물어보겠습니다. 당신은 왜 아직도 그것을 가지고 있지 않은가요?

좀 더 날씬한 몸매, 더 많은 돈, 혹은 당신이 원한다고 말했던 무엇이든지 간에 왜 가지고 있지 않은 건가요? 왜?

이제 당신에게 놀라운 뭔가를 알려드리겠습니다. 잘못은 경제 상황, 당신의 부모, 배우자, 이웃, 상사, 대통령이든 누구든 그 무엇에도 있지 않습니다. 내 질문, "왜 그것을 아직도 가지고 있지 못하는가?"에 대해서는 오직 한 가지 답이 있을 뿐입니다. 그리고 곧 그것이 뭔지 알려드리겠습니다.

왜 그토록 많은 사람들이 진정으로 원하는 것을 얻는데 그렇게 많은 어려움을 겪는지 궁금해본 적이 있나요? 인생에는 더 쉬운 길이 있을 수 있다고 생각해본 적은 없나요? 그저 삶에 어려움과 곤경이 너무 많다고 느껴본 적은 없는가요? 대부분 한번쯤은 인생이 정말로 고통스럽다고 느꼈을 것입니다. 하지만 당신을 자유롭게 해줄 진실이 있습니다. 삶이 반드시 그럴 필요는 없습니다!

인생을 기쁨으로 만들어줄 비밀은 무엇일까요? 지금 더 많은 돈을 벌게 해줄 비밀은 무엇일까요? 그리고 왜 아직도 목표를 이루지 못했는지에 대한 대답은 무엇일까요?

그것은 당신 마음 안에 있습니다.

아니, 당신의 생각 속에 있는 것이 아닙니다. 의식적인 마음 안

모든 꿈을 성취하는 새로운 방법 **111**

에 있는 것이 아닙니다. 장애물은 더 깊은 곳에 있습니다. 그것은 당신이 거의 찾아보지 않는 곳에 있습니다. 바로 당신의 무의식 속에 있습니다. 요컨대, 당신이 달성하고자 하는 어떤 것이 있다면, 거기에 이름을 붙여보세요. 그리고 그것을 이루지 못하고 있다면, 무의식이 몇 가지 모순되는 의도를 보유하고 있을 가능성이 큽니다. 달리 말해서, 당신은 뭔가를 원하면서 동시에 원하지 않는 것입니다.

전형적인 유형이라면, 당신은 끊임없이 자기 자신에게 모순된 지침을 주고 있을 겁니다. "나는 체중을 줄이고 싶어." 그러면서 "저 달콤한 파이 한 조각 먹고 싶어."와 같이 말이죠. 여기에 묘한 게 보이지 않은가요?

이런 진술들은 서로 다른 방향으로 가고 있습니다. 이러한 좌절과 모순된 메시지의 세월이 지나고, 무의식은 마침내 포기하고 당신이 의식적으로 원하는 것을 무시하기 시작합니다.

즉, 자신의 요청을 취소하는 것입니다. 당신은 말합니다. "나는 돈을 원해." 하지만 바로 그 직후, 당신은 이렇게 말하거나 생각합니다. "나는 그것을 받을 자격이 없어." 또는 "돈은 절대로 내게 오지 않아." 또는 그와 비슷한 다른 제한적인 신념을 생각하거나 말합니다. 그 결과, 당신은 보통 자신이 원한다고 말하는 것을 얻지 못하게 됩니다!

하지만 당신을 위한 좋은 소식이 있습니다. 이 모든 것을 끝낼 수 있는 좋은 소식이!

사이버네틱 자리바꿈 소개

나는 "사이버네틱 자리바꿈"을 이렇게 정의합니다. 자신의 삶의 어떤 부분을 의식적으로 다른 것으로 자리바꿈으로써 의식과 무의식 사이의 효과적인 의사소통을 창조하여 스스로에게 인생의 관리자 자리를 주는 것. 여기서 나를 위해 무엇이 옳은지 알고 있는 나의 일부와 효과적인 의사소통을 만들어서, 의식적으로 성공을 생산하고, 자기 패배적인 무의식의 습관들을 나를 지지하는 것들로 대체할 수 있습니다.

나는 이 두 단어를 어디에서 얻었을까요?

사이버네틱스는 놀라울 정도로 훌륭한 노버트 위너(Norbert Wiener)가 만든 용어입니다. 그가 그 훈련법을 개발했고, 나는

MIT 대학의 복도를 방황하면서 그를 보곤 했었습니다. 그리고 사이버네틱스는 그리스 어로 "운전사, 조종자" 또는 컨트롤하는 사람에서 유래하는 말입니다.

매우 진정한 의미에서, 무의식은 신경세포라는 약 1천억 개의 작은 컴퓨터로 구성된 매우 강력한 대규모의 병렬 컴퓨터처럼 작용합니다. 그에 비해 의식은 일반적으로 무의식의 기능에 거의 적합하지 않습니다.

나는 당신이 그것을 바꿔서 어떤 의미에서 조종사가 되도록 의식에 순환 고리를 가져오도록 가르칠 생각입니다.

그러므로 첫 번째 개념은 사람들이 의식의 통제를 벗어나서 거의 무의식적으로 작동하는 기계처럼 행동하는 것보다 좀 더 인간적으로 행동할 수 있도록 사람들을 돕는 것입니다.

자리바꿈(전치: 傳置)은 서로 주고받는 프로세스로 정의됩니다. 우리의 경우, 우리는 인생의 한 측면이나 다른 시간대의 같은 측면에서 성공의 기억을 취해서 다른 측면과 다른 시간대에서 성공을 창출할 수 있도록 자리바꿈을 하고 있습니다.

이제 프로세스의 이름을 알았으니, 가장 큰 꿈을 현실화하기 위해 그것을 사용하는 방법을 알아보기로 하죠.

준비 됐나요?

더 많은 돈을 위한 3단계 스텝

당신은 당신의 세계를 바꿔주고 상상해 온 모든 부를 가져다줄 검증된 세 단계의 프로세스를 배울 것입니다. 나는 5만 명의 사람들에게 테스트하여 이 방법이 작동하다는 것을 증명했습니다. 이제 이것이 당신에게도 작동한다는 것을 당신이 증명할 차례입니다.

먼저, 기본적인 세 단계를 소개하겠습니다.

1. 원하는 것을 정의해서 타겟을 만든다. 그것은 무의식의 모든 측면에서 명확하게 이해되어야 합니다.

중앙의 빨간색 원을 둘러싸고 있는, 양궁에서 화살을 쏘는 과녁을 생각하세요. 무의식은 동심원처럼 명확한 것, 당신이 원하는 것을 정확하게 나타내는 목표를 필요로 합니다.

2. 목표에 우선순위를 매긴다. 정상적인 활동을 하면서도 목표에 무의식적으로 집중할 수 있도록 깃발을 꽂으세요.

모든 사람들이 똑같이 회색 옷을 입을 큰 무리를 상상하세요. 이제 그들 중 하나가 밝은 빨간색 동심원이 매우 선명하게 그려진 과녁을 들고 있는 그림을 그리세요. 그것은 당신의 시선을 사로잡을 것입니다. 그것이 당신이 목표에 적절하게 우선순위를 매길 때 무의식에서 일어나는 것입니다.

3. 목표를 달성하지 못하게 방해할 수 있는 **어떤 자기 패배적인 무의식의 습관을 해결한다.**

어떤 상황에서 당신이 일반적으로 무엇을 하는지는 무의식적 습관이 지배합니다. 인생을 살아가는 가장 효율적인 방법은 자동적인 습관 패턴이 방해하는 경우를 제외하고, 많은 일을 자동적으로 하는 것입니다. 즉, 대부분의 사람들은 욕망이 과녁을 맞히는 걸 방해하는 무의식적 메커니즘을 가지고 있습니다. 그것을 깨끗하게 정화할 때, 당신은 자유롭게 목표라는 과녁을 명중시킬 것입니다.

마지막 한 가지

이것이 작동할 거라고 믿을 필요는 없습니다. 아마 당신에게는 의심이 있을 것입니다. 아마도 당신은 빠르게 많은 돈을 마련하고 싶겠지만, 이 방법이 당신에게 효과를 발휘할지 매우 의심될 수도 있습니다. 음, 나는 내 세미나에서 5만 명의 사람들에게 이것을 가르쳐왔습니다. 그리고 심지어 이것이 작동할 거라고 믿지 않는 사람도 결과를 얻었습니다.

진실은 이렇습니다.

1. 당신에게 적절한 목표나 대상이 있다면, 그것을 달성하기 위해 우리가 얘기해온 기본적인 세 단계를 사용할 수 있습니다.

2. 만약 욕망이 "불가능한" 것이라고 느껴진다면, 그것을 달성하기 위해 내가 전파하는 슈퍼성취 프로세스(Super Achievement process)를 이용할 수 있습니다.

어느 쪽이든지, 결과는 당신을 기다리고 있습니다!

***

"무엇에서든 빠르게 많은 돈을 버는 법(How To Make Lots of Money for Anything)"에서 인용.

부를 창조하는 것에 관한 여덟 가지 신화

니콜라 그루비사(Nikola Grubisa)

아마도 부와 부유한 사람들을 둘러싼 다양한 신화에 대해 들어본 적이 있을 것이다. 이것은 모든 재정적인 독립을 위한 당신의 탐구를 방해한다. 다음은 가장 일반적이고 가장 파괴적인 신화들이다.

신화 1: 얼마나 버는가는 얼마나 열심히 일하는가에 달려 있다.

이것이 사실이라면, 육체노동자, 수 년 동안 열심히 일해 온 블루칼라가 지상에서 가장 부유한 사람들이 되었을 것이다. 물론, 이것은 사실이 아니다. 오히려 그들은 인력시장과 대부분의 중산층을 차지하고 있다.

어렸을 때 부모가 긴 하루의 노동에서 지치고 피곤한 모습으로 귀가하는 것을 목격했다면, 당신은 아마 돈이 그 모든 노력에 대한 충분한 보상이 아니라는 걸 배웠을 것이다. "그저" 돈을 위해 일하는 사람들은 자주 빚을 진다. 일할 때는 결핍되어 있던 아름다운 물건들, 무엇이건 돈으로 살 수 있는 것으로 자신을 위로하기 때문이다.

신화 2: 자신이 즐기는 것에 돈을 받아서는 안 된다. 자신이 즐길 수 있는 것에 돈을 요구해서도 안 된다.

억만장자에게 이것을 확인해보라. 그들 모두는 더 이상 일할 필요가 없을 정도로 그렇게 많은 돈을 가지고 있다. 그럼에도 불구하고, 그들은 다른 이유들로, 도전이나 만족, 충만한 삶, 활동, 재미 등을 위해서 일을 한다. 그리고 모든 것은 일에 대한 사랑과 연결되어 있다. 어떤 일에 즐거움이 없다면, 그들은 자신을 훨씬 더 행복하게 해주고 꿈을 현실로 만들어줄 다른 일을 할 것이다.

실상, 자신의 일을 즐기지 않는다면, 절대로 부유해지지 못할 것이다! 그러나, 단지 일을 즐긴다고 해서 보수를 받아서는 안 된다고 할 수 없다. 사실, 궁극적인 목표는 정말로 즐기는 것에 돈을 받아서 절대로 일하는 것처럼 느끼지 않는 것이다!

신화 3: 부를 축적하려면 좋은 사업을 해야 한다.

당신은 그렇게 생각하는가? 그렇다면 같은 사업에 종사하는 모든 사람들이 억만장자여야 한다. 물론, 그렇지 않다. 어느 사업에나 승자와 패자가 있다. 승자는 거리를 청소하거나 쓰레기를 수집하고, 공장이나 주유소에서 일하고, 신문 판매하는 것 같은 (대부분) 불쾌하거나 싫은 일로 구성된 일에도 많이 있다. 반면, 부동산 매매나 관리, 판매 또는 증권브로커 같은 사업에서도 마찬가지로 많은 "패자들"이 있다.

신화 4: 재산을 모으기 위해서는 교육을 잘 받아야 한다.

가장 많은 교육을 받은 사람들이 정말로 가장 부유할까? 전혀 그렇지 않다! 만약 그렇다면, 대학 교수가 세상에서 가장 부유한 사람이어야 할 것이다. 기회가 된다면, 그들의 급여에 대해서 알아보라. 진실은 매우 다르다. 가장 부유한 사람들은 자신의 지식을 가능한 최상의 방법으로 돈(또는 교육)으로 변환할 수 있는 사람들이다. 그들은 (발명가, 과학자 등) 매우 높은 교육을 받은 사람일 수도 있고 일자무식일 수도 있다.

정식 교육을 받지 못했다는 것이 일의 수행 능력이 부족하다거나 또는 성공으로 이끄는 비전이 충분히 강하지 못하다는 의미가 되지 않는다. 정식 교육을 받지 않고도 쉽게 전문가가 될 수 있다.

신화 5: 예전에는 더 쉬웠다.

통계적으로 매년 전 세계에서 억만장자의 수가 증가하고 있다. "옛날의 좋았던 시절"에 대해 얘기하는 것은 위안을 주지만 그것은 자기 편의의 변명에 지나지 않는다. 주변을 둘러보면, 지금과 같이 "옛날의 좋았던 시절"에 행동했던 대로 지금도 행하지만, 지

부를 창조하는 것에 관한 여덟 가지 신화

금에도 성공하고 있는 사람들이 보일 것이다. 기술과 발전이 새로운 아이디어와 욕망, 필요를 가져온다. 그리고 사람들에게 봉사할 수 있는 사업 기회들이 매일 더 많이 나오고 있다.

신화 6: 나는 너무 늙었다(어리다).

가장 성공한 사람들 중 일부의 인생 스토리를 연구해보면, 이것은 전혀 사실이 아님을 알게 될 것이다. 어떤 이들은 인생 초기에 (아마도 주식 등으로) 부자가 되었고, 다른 사람은 훨씬 나이 들어서 행운을 찾았다. 레이 크록(Ray Kroc)이 처음 맥도날드를 만들었을 때 그의 나이는 50이 넘었었다.

신화 7: 나에게는 종자돈이 없다. 돈을 벌려면 돈이 있어야 한다.

이것 또한 다른 변명이나 "신화"와 다를 바 없다. 다른 것들처럼, 이 또한 전혀 진실이 아니다. 많은 사람들이 살고 있는 집이나 차고에서 처음 자신의 행운을 만들었다. 그럼에도 불구하고 그들은 오늘날 수십억 달러의 가치가 있는 비즈니스 제국을 발전시켰다. 성공의 다른 요소가 사업을 시작하기 위해 종자돈을 가지는 것보다 훨씬 더 중요하다. 물론, 돈은 종종 도움이 된다. 당연한 말이다. 다른 신화에서 말한 것들처럼 당연히 도움이 되겠지만, 그렇다고 해서 반드시 필요한 것은 아니다.

신화 8: 모든 것을 알게 되면 시작할 것이다.

당신은 언젠가 모든 것을 알게 될 거라고 믿는가? 아니면 "정말로 이제 준비되었다"는 정도로 알면 충분한가? 당신은 더 많이 배울수록, 여전히 배워야 할 것들이 많이 있음을 알게 될 것이다. 성공과 부를 얻는 것은 역동적인 과정이다. 설사 알아야 할 모든 것을 다 알고 나서 문 밖으로 나올 수 있다 해도, 그 요소들 중 일부는 즉시 변할 것이고 많은 것들이 빠르게 달라질 것이다. 지금 결정하지 않으면, 아무 것도 일어나지 않는다. 그러므로 살면서 배워나가도록 하라.

일부 억만장자들은 파산하고 나서도 (더 빨리) 부를 다시 회복했다. 심지어 때로는 전보다 더 큰 부자가 되었다. 당신을 부유하게 유지시켜 주는 것은 돈 자체가 아니다.

할 수 있는 한 많은 "행동을 취하도록" 하라. 일터를 더 좋고 효율적인 곳으로 만들어라. 다른 사람이 돈을 지불한다고 해도, 결국 당신은 정말로 자신을 위해 일하는 것이다. 당신이 설사 큰 기업의 직원이라고 해도 - 오너가 아니라 해도 - 당신이 지금 할 수 있는 것을 증명할 수 있는 것은 지금 몸담고 있는 회사를 통해서이다.

우리 모두는 억만장자가 되기 위해 필요한 것을 가지고 있다! 우리는 모두 승자로 태어났다. 하지만 우리 마음에 숨겨진 가능성을 계발하고 활용하는 방법을 아는 사람은 많지 않다!

누구도 당신의 마음이 이미 보유하고 있는 것보다 더 큰 잠재력을 당신에게 부여할 수 없다. 당신은 단지 인생에서 성공으로 향하는 진정한 길을 찾기 위해 그 내용을 발견할 필요가 있을 뿐이다. 우리는 모두 성공의 씨앗을 가지고 태어난다. 가장 위대한 결정은 항상 내부로부터 와야 한다! 당신은 - 자기 자신이라는! - 행운의 새롭고 깊은 우물을 발견하게 될 것이다.

***

니콜라 그루비사는 유럽의 마케팅 및 CRM 컨설턴트이며, 유럽의 베스트셀러 "백만장자 마인드: 내면의 진정한 부와 접촉하는 법(The Millionaire Mindset: How to Tap Real Wealth from Within)"의 공동 저자이다.

"부유한" 사람들이 생각하는 6가지 방법

허브 에커(T. Harv Eker)

부유한 사람들은 가난한 사람과 중산층 사람들하고 다르게 생각하는 방식을 가지고 있다. 그들은 돈, 재산, 자기 자신, 다른 사람, 그리고 인생에 대해 다르게 생각한다. 부유한 사람들이 생각하는 것과 가난하거나 중산층의 사람들이 생각하는 것이 어떻게 다른지 여섯 가지 중요한 차이점을 살펴보자.

이렇게 함으로써, 마음의 파일에서 선택할 수 있는 일부 다른 신념을 가지게 될 것이다. 이런 방식으로, 당신은 자신이 가난한 사람들처럼 생각할 때 그것을 알아차리고 재빨리 부유한 사람들이 생각하는 방식으로 전환할 수 있다. 잊지 마라. 신념은 옳지도 그르지도, 참되거나 거짓도 아니다. 그것은 단지 당신의 명에 따라 바꿀 수 있는, 과거의 의견일 뿐이다. 사실, 당신은 자신을 지지하지 않는 대신 당신을 지원하는 방식으로 생각하기를 **선택**할 수 있다.

1. 부유한 사람들은 "자신이 자기 인생을 창조한다."고 믿는다.

가난한 사람들은 "인생이 그냥 내게 펼쳐진다."고 믿는다.

부를 이루고자 한다면, 반드시 자신이 인생의 운전대를 잡고 있다고, 삶의 모든 순간 특히 재정상의 운명을 창조하고 있다고 믿어야 한다. 이것을 믿지 않는다면, 자기 인생에 대한 통제력을 거의 가지고 있지 않다고, 그리고 재정적 성공은 당신과 별로 관계가 없다고 믿는 것임에 틀림없다. 이것은 결코 부자의 태도가 될 수 없다.

삶에서 벌어지고 있는 일에 책임을 지는 대신, 가난한 사람들은 희생자 역할 놀이를 선택한다. 물론, 어떤 "희생자의" 지배적인 사고 과정은 "불쌍한 나"이다. 그리고 매우 빠르게, 의도의 법칙을 통해 그들은 문자 그대로 그것을 얻는다. 즉, 재정상으로 "불쌍해지는 것"이다.

여기에 당신의 인생을 바꿔줄 거라고 내가 약속하는 숙제가 있다. 다음 7일 동안, 무엇에도 전혀 불평하지 않는 도전을 하기 바란다. 단순히 말뿐만이 아니라, 머릿속에서도 그래야 한다. 나는 수천 명에게 이 작은 도전을 부여했고 수백 명의 사람들이 개인적으로 내게 이 연습이 그들의 삶을 완벽하게 변화시켰다고 이야기했다. 당신도 이 실험을 해보고 그 결과를 내게 알려주기 바란다. 나는 "쓰레기(불평불만)"에 초점을 맞추는 걸 그만둘 때 인생이 얼마나 경이롭게 변할지 당신은 놀라게 될 거라고 보장할 수 있다.

이제 결정할 시간이다. 당신은 피해자가 될 수도 있고 또 부자가 될 수도 있다. 하지만 둘 다 될 수는 없다. 자신의 힘을 되찾고 당신이 자신의 삶의 모든 순간을 창조한다는 사실을 인정할 시간이다. 당신이 자신의 삶에 있는 모든 것과 있지 않은 모든 것을 창조한다는 것을 인정할 시간이다. 당신이 부를 창조하고 가난을 창조하고 그 사이의 모든 것을 만들어낸다는 것을 인정할 시간이다.

2. 부유한 사람들은 이기기 위해 머니게임을

한다.

가난한 사람들은 잃지 않으려고 머니게임을 한다.

가난한 사람들은 공격보다 방어적으로 머니게임을 한다. 당신에게 물어보자. 어떤 스포츠나 게임에서 방어에 치우쳐서 플레이를 하면 이길 가능성이 얼마나 되겠는가? 대부분 동의할 것이다. 거의 없거나 아예 없다.

그러나 대부분의 사람들이 머니게임을 하는 방식이 바로 그것이다. 그들의 지배적인 관심은 생존과 안전이지, 부와 풍요가 아니다. 그렇다면, 당신의 목표는 무엇인가? 당신의 진정한 목적은 무엇인가? 진실로 의도하는 것은 무엇인가?

부유한 사람들의 커다란 목표는 막대한 부와 풍요를 가지는 것이다. 가난한 사람들의 큰 목표는 "청구서를 지불하기 충분한" 돈을 가지는 것이다. 매달 청구서를 제 때 내기만 해도 기적이라는 것이다! 다시, 의도의 힘을 상기하자. 목표가 청구서를 지불하기 충분한 돈을 가지는 것이라면, 당신이 얻게 될 것은 정확히 그 만큼이다. 딱 청구서를 지불할 수 있을 정도의 돈. 보통 1센트도 더 많지 않은 경우가 일반적이다.

당신은 진실로 얻고자 의도하는 것을 얻는다. 부자가 되고 싶다면, 목표가 "부자가 되는 것"이어야 한다. 청구서를 지불하기 충분한 정도가 아니다. 그냥 편안한 정도가 아니다. 부자! 부자가 되는 것이어야 한다!

3. 부유한 사람들은 부자가 되기 위해 헌신한다.

가난한 사람들은 부자가 되기 위해 최선을 다하지 않는다.

우리들 대부분에게는 부자가 되는 것이 왜 **훌륭한지** 좋은 이유가 있다. 하지만 동전의 다른 면은 어떤가? 부유해지는 것이 또는 부자가 되기 위해 노력하는 과정이 그렇게 대단하지 않은 이유가 있는가?

우리 각자는 마음에 부에 관한 파일을 가지고 있다. 이 파일은 왜 부자가 되는 것이 좋은지, 우리의 개인적인 신념을 포함하고 있니. 하지만 많은 사람들에게, 그들의 파일에는 부자가 되는 것이 그렇게 대단하지 않을지도 모른다는 정보가 담겨 있다. 이런 사람들은 돈과 특히 부에 대해 뒤섞인 메시지를 가지고 있다.

그 중 한 부분은 이렇게 말한다. "많은 돈을 갖는 것은 인생을 더욱더 재미있게 해줄 거야." 그러나 다른 부분이 비명을 지른다. "맞아, 하지만 난 개처럼 일해야 할 거야! 거기에 무슨 재미가 있겠어?" 한 부분이 이렇게 말한다. "세계여행을 할 수 있잖아." 다시 다른 부분이 응답한다. "그래, 하지만 전 세계 사람이 나한테서 뭔가를 바랄 거야." 이런 혼합된 메시지가 대부분의 사람들이 절대 부자가 되지 못하는 가장 큰 이유 가운데 하나이다.

실상, 대부분의 사람들이 원하는 것을 얻지 못하는 가장 큰 이유는 무엇을 원하는지 모르기 때문이다. 부유한 사람들은 완전히 명확하게 부를 원한다. 그 욕망에 흔들림이 없다. 그들은 부를 이룩하는 데 전적으로 헌신한다. 도덕적이고, 합법적이고 윤리적인 한 부를 가지기 위해 "무엇이든지" 다 하려고 한다. 부유한 사람들은 우주에 혼합된 메시지를 보내지 않는다. 가난한 이들은 그렇게 한다.

이런 말을 하고 싶지는 않지만, 부를 얻는 것은 "공원을 한가로이 걷는" 게 아니다. 그것은 집중, 전문지식, 100%의 노력을 다하고 "불굴의" 의지를 가지는 것이다. 당신은 진정으로, 의식과 무의식 모든 면에서 헌신해야 한다. 그리고 할 수 있으며, 자신에게 그럴 가치가 있다고 진심으로 믿어야 한다. 부를 이루는 것에 최선을 다하지 않는다면, 당신이 승리할 가능성은 높지 않을 것이다.

4. 부유한 사람들은 크게 생각한다.

가난한 사람들은 작게 생각한다.

한 때 우리 세미나 중 하나를 가르치는 트레이너가 있었다. 그는 순자산 2만5천 달러를 불과 3년 만에 600만 달러로 만들었다. 비결을 묻자 그는 이렇게 말했다. "내가 크게 생각하기 시작한 날 모든 게 바뀌었습니다."

내 책 "스피드웰스(SpeedWealth)"에서는 "수입의 법칙"을 논하는데, 그것은 "시장에 맞춰 당신이 전달하는 가치의 비율에 따라 보답 받게" 된다고 말한다.

이것을 이해하는 또 다른 방식은 다음 질문에 대답하는 것이다. 당신은 실제로 얼마나 많은 사람들에게 영향을 미치거나 봉사하는

가?

예를 들어 내 사업에서, 어떤 트레이너들은 사람들 20명에게 얘기하는 것을 좋아하고, 다른 이들은 100명 앞에서도 편안하게 말한다. 또 500명의 관중을 좋아하는 이도 있고, 5천 명 혹은 그 이상의 사람들 앞에 서는 걸 좋아하는 사람도 있다. 이들 트레이너 사이에 수입의 차이가 있을까? 물론 그렇고말고.

당신은 누구인가? 인생을 어떻게 살고 싶은가? 어떻게 게임을 하고 싶은가? 빅 리그에서 플레이하고 싶은가? 아니면 작은 리그에서? 메이저 리그? 아니면 마이너? 큰 게임을 할 것인가? 작은 게임을 할 것인가? 당신의 선택에 달려 있다.

하지만 이 말을 들어라. 그것은 당신에 대한 게 아니다. 그것은 당신의 미션을 사는 것에 관한 것이다. 목적을 충실하게 사는 것에 관한 것이다. 세상에 당신의 퍼즐 한 조각을 더하는 것에 관한 것이다. 다른 사람에게 봉사하는 것에 관한 것이다.

우리들 대부분은 모든 것이 "나, 나 그리고 더 많은 나" 주변을 선회하는 에고에 너무 빠져 있다. 하지만 다시 말하지만, 그것은 당신에 대한 것이 아니다. 그것은 다른 사람들의 인생에 가치를 더하는 것에 관한 것이다.

당신이 선택할 일이다. 하나는 파산하고 비참해지는 길로 인도하고, 다른 하나는 돈과 의미 그리고 성취로 인도한다.

숨는 것을 그만두고 밖으로 나올 시간이다. 필요에만 매달리는 것을 멈추고 리드를 시작할 시간이다. 당신이라는 별이 되기 시작할 시간이다. 당신의 선물과 가치를 **크게** 공유할 시간이다.

수천 혹은 수백만의 사람들이 당신을 의지할 수 있다. 당신은 우리 사회와 아이들을 위해 도전을 맞이하겠는가? 그러길 바란다.

5. 부유한 사람들은 그들의 문제보다 더 크다.

가난한 사람들은 그들의 문제보다 더 작다.

부자가 되는 것은 공원에서 어슬렁거리며 산책하는 게 아니다. 그것은 장애물과 왜곡, 우회로로 가득 차있는 여행이다. 단순한 사실은, 성공의 길이 혼란스럽고 평탄하지 않다는 것이다. 길에는 함정이 즐비하다. 그래서 대부분의 사람들이 취하지 않는 것이다. 사람들은 혼란과 두통, 책임을 떠맡고 싶어 하지 않는다. 즉, 문제를 원하지 않는다.

부유한 사람과 가난한 사람들 사이에는 가장 큰 차이점 하나가 자리 잡고 있다. 부자와 성공한 사람들은 자신의 문제보다 크고, 반면에 가난하고 실패한 사람들은 문제보다 작다는 것이다.

가난한 사람들은 문제가 될 것처럼 보이는 어떤 것이든지 회피하기 위해 거의 모든 것을 다한다. 그들은 도전에서 꽁무니를 뺀다. 아이러니한 것은, 문제를 갖지 않으려고 최선을 다하는 와중에, 오히려 가장 큰 문제를 가지게 된다는 것이다. 그들은 파산하고 비참해진다. 성공의 비밀은 문제를 회피하거나 축소하려고 하지 않는 데 있다. 성공의 비밀은 자신을 성장시켜서 어떤 문제보다도 더 큰 존재가 되는 것이다.

예를 들어, "2의 수준"에 있는 사람이 "5의 수준"의 문제를 보고 있다고 하자. 그에게 이 문제는 크게 보일까? 작게 보일까? "2의 수준"에 있는 사람의 관점에서는 "5의 수준"에 있는 문제는 당연히 큰 문제로 보일 것이다.

이제 "8의 수준"에 있는 사람이 같은 "5의 수준"의 문제를 본다고 하자. 이 사람의 관점에서, 이 문제가 크게 보일까? 작게 보일까? 똑같은 문제가 이제는 마술처럼 작은 문제로 보일 것이다.

그리고 "10의 수준"에 있는 사람은 어떨까? 그에게는 전혀 문제로도 보이지 않을 것이다. 옷을 입거나 이를 닦는 것처럼 그냥 일상의 한 부분 정도로 여겨질 것이다.

당신이 부유하던 가난하던, 게임을 크게 하던 작게 하던, 문제는 어디 가버리지 않는다. 숨을 쉬고 있는 한, 소위 "문제"는 항상 있게 마련이다. 중요한 것은, 문제의 사이즈는 전혀 사안의 대상이 아니라는 점이다. 중요한 것은 바로 당신의 크기이다!

명심하라. 당신의 부는 오직 당신이 성장하는 정도까지 커질 수 있다! 아이디어는 부를 창조하고 유지하는 길을 가로막는 어떤 문제든지 극복할 수 있는 자리까지 자기 자신을 성장시키는 것이다.

부유한 사람들은 문제에서 달아나지 않으며, 문제를 회피하지도 불평을 늘어놓지도 않는다. 부유한 사람들은 재정적인 면에서 전사들이다. 전사는 도전에 직면했을 때, 크게 소리친다. **덤벼라!**

마인드파워 마스터들이 전해주는 돈의 비밀

6. 부유한 사람들은 기회에 초점을 맞춘다.

가난한 사람들은 문제에 초점을 맞춘다.

부유한 사람들은 성장의 잠재력을 본다. 가난한 사람들은 손실의 가능성을 본다. 부유한 사람들은 보상에 초점을 맞춘다. 가난한 사람들은 리스크에 집중한다.

오래된 질문이 있다. 컵에 물이 반이 차 있는 것인가? 비어져 있는 것인가? 여기서 단순히 "긍정적 사고"에 대해 말하는 것이 아니다. 세상을 바라보는 습관적인 방식에 대해 말하고 있는 것이다.

가난한 사람들이 세상을 바라보는 방식은 두려움에서 나온다. 그들의 마음은 끊임없이 어떤 상황에서 무엇이 잘못됐는지 또는 잘못될 수 있는지 스캔하고 있다. 그들의 기본적인 의식구조는 "일이 잘못되면 어떡하지?", 또는 더 노골적으로 "잘 안 될 거야." 이다. 전에 말했듯이, 부유한 사람들은 삶을 창조하는 데 있어 책임을 떠맡는다. 그들은 "잘 될 거야. 내가 그렇게 만들 거니까."라는 의식으로 세상을 바라본다.

대부분의 다른 영역과 마찬가지로, 재정에서도 리스크는 직접적으로 보상에 비례한다. 일반적으로, 보상이 높을수록 위험도 크다. 그리고 부자의 정신을 가진 사람들은 기꺼이 위험을 떠맡으려 한다.

부유한 사람들은 성공을 기대한다. 그들은 자신의 능력을 신뢰하며, 창조력을 믿는다. 그들은 곤란한 상황에 처해도, 항상 다른 방법으로 돈을 되찾거나 성공할 수 있다고 믿는다.

반대로, 가난한 사람들은 실패할 거라고 예상한다. 그들은 자기 자신과 자신의 능력에 자신감이 부족하다. 그리고 일이 제대로 되지 않으면, 재앙이 될 거라고 믿는다.

재정적으로 성공하기 위해서는 무언가를 해야 한다. 무언가를 구입하거나 시작해야 한다. 돈을 잃는 방법에 초점을 맞추는 대신 주변의 모든 것에서 이익을 얻을 수 있는 기회를 보아야 한다.

***

허브 에커는 베스트셀러 "백만장자 마인드의 비밀(Secrets of the Millionaire Mind)의 저자이며, 세계적으로 유명한 백만장자 마인드 인센티브를 설립했다.

특정방식으로 행동하기

월러스 워틀스(Wallace D. Wattles)

생각은 창조적인 힘 또는 행동할 수 있는 창조력을 발생시키는 추진력이다.

특정한 방식으로 생각하는 것이 당신에게 부를 가져다줄 수 있지만, 생각 하나에만 의지해서는 안 되며 개인적으로 취하는 행동에도 주의를 기울여야 한다. 이것은 다른 많은 과학적 사고가(思考家)들이 부딪치는 암초이다. 생각과 행동을 연결 짓지 못하는 데서 오는 실패이다.

우리는 아직, 사람이 자연 과정이나 인간 손의 개입 없이 무형의 근원물질로부터 직접 창조하는 것이 가능하다고 상정하는 발전 상태에도 도달하지 않았다. 따라서 사람은 반드시 생각하는 것뿐만 아니라, 행동으로도 자신의 생각을 보충해야 한다.

생각은 생물과 무생물, 모든 것들로 하여금 당신이 원하는 것을 가져오게끔 한다. 하지만 원하는 것이 다가왔을 때 올바르게 받을 수 있는 행동을 해야 한다. 자선활동으로 취하는 것도 아니고, 훔치는 것도 아니다. 당신은 자신이 받는 현금가치보다 더 많은 사용가치를 모든 사람에게 제공해야 한다.

생각의 과학적인 사용은 원하는 것을 가지겠다는 목적을 굳게 붙들고서 원하는 것의 선명하고 뚜렷한 정신적 이미지를 형성하는 것과, 커다란 믿음 속에서 원하는 것을 가질 거라는 깨달음으로 구성된다.

어떤 신비스럽거나 오컬트적인 방식으로 자신의 생각을 "투사하려고" 하지 마라. 그런 생각으로 밖에 나가서 자신을 위해 활용하려고 하지 마라. 이것은 노력의 낭비이며 온전하게 생각하는 힘을 약화시킨다.

당신의 믿음과 목적이 긍정적으로 무형의 근원물질에 비전을 각인한다. 그것은 당신이 가진 삶에 대해 동일한 욕망을 가지고 있다. 그리고 당신이 각인한 이 비전이 정기적인 행동을 통해, 하지만 당신을 향해서 모든 창조적인 힘을 작동하게 한다.

창조 과정을 인도하거나 감독하는 것은 당신이 할 일이 아니다. 당신이 할 일은 비전을 간직하고 목적을 고수하며 믿음과 감사의 마음을 유지하는 것이다.

하지만 당신은 특정한 방식으로 행동해서 그것이 다가왔을 때 당신의 것임을 인정할 수 있어야 한다. 그리고 그것이 왔을 때 이미지 속에 가지고 있는 것을 만나서 그것을 적절한 장소에 자리에 둘 수 있어야 한다.

당신은 이것이 정말로 진실임을 알 수 있다. 그것이 당신에게 도달할 때, 그것은 동등한 대가를 요구하는 다른 사람의 손에 있을 것이다. 그리고 당신은 오직 다른 사람에게 정당한 대가를 지불함으로써 당신의 것을 얻을 수 있다.

당신의 주머니는 노력도 하지 않았는데 항상 돈으로 두둑한 행운아의 지갑으로 변하지는 않을 것이다.

이것은 지금 여기서 부자가 되는 과학의 핵심 요점이다. 생각과 행동은 반드시 결합되어야 한다. 의식적 무의식적으로 욕망을 강화하고 지속함으로써 창조력을 활성화하지만 가난을 벗어나지 못하는 사람들이 매우 많다. 그들은 원하는 것이 다가왔을 때 그것을 받기 위한 것을 내주지 않기 때문이다.

생각에 의해, 원하는 것이 당신에게 다가온다. 그리고 행동에 의해서, 그것을 받게 된다.

당신의 행동이 무엇이 되든지 간에, **지금** 행동해야 한다는 것은 자명하다. 과거 속에서 행동할 수는 없다. 그리고 명확한 정신적 비전을 위해서 마음으로부터 과거를 기각해 버리는 것이 필수적이다. 미래 속에서 행동할 수도 없다. 미래는 아직 여기 있지 않기 때문에. 그리고 실제로 발생할 때까지는 앞날의 어떤 우연한 사태에 어떻게 행동할 거라고 말할 수 없다.

지금 제대로 된 사업이나 환경에 있지 않다고 해서, 사업이나 환경이 제대로 될 때까지 행동하지 말아야 한다고 생각하지 마라. 그리고 있을 수 있는 미래의 긴급 상황에 대해 최선의 대처법을 생각하면서 지금이라는 시간을 허비하지도 마라. 상황이 발생했을 때 어떤 긴급 상황에도 대처할 수 있는 자신의 능력을 신뢰하라.

마음을 미래에 두고 현재 속에서 행동한다면, 현재의 행동은 분

열된 마음이 되고, 효과를 발휘하지 못할 것이다.

마음을 현재의 행동에 모두 쏟아라.

당신의 창조적 충동을 근원물질에 내주고, 앉아서 결과를 기다리지 마라. 그런다면, 절대로 결과를 얻지 못할 것이다. 지금 행동하라. '지금'이 아닌 시간은 존재할 수 없으며, 앞으로도 없을 것이다. 원하는 것을 받을 준비를 하려면, **지금** 시작해야 한다.

그리고 행동은 무엇이 되었든 간에, 주로 현재의 사업이나 직업 속에 있어야 하며, 현재 상황에 있는 사람과 물건에 접촉되어 있어야 한다. 자신이 있지 않은 곳에서 행동할 수 없으며, 예전에 있었던 곳에서도 행동할 수 없다. 그리고 앞으로 있고자 하는 곳에서 행동할 수도 없다. 오직 지금 있는 곳에서 행동할 수 있다.

어제 일이 잘 됐든 잘 되지 않았든 신경 쓰지 마라. 오늘의 일을 잘하라. 내일 일을 오늘 하려고 하지 마라. 내일이 오면 충분히 할 시간이 있을 것이다. 오컬트나 신비스러운 수단으로 손이 닿지 않는 곳에 있는 사람이나 상황을 어떻게 하려고 하지 마라. 행동하기 전에 환경이 바뀔 때까지 기다리지 마라. 행동으로 환경이 바뀔 기회를 만들어라.

당신은 지금 있는 환경에서 행동해서 더 나은 환경으로 옮겨갈 수 있다.

신념을 가지고 더 나은 환경 속에 있는 자신의 비전을 목적으로 삼아라. 하지만 온 힘을 다해, 온 마음을 다해 현재 환경 속에서 행동하라.

백일몽을 꾸거나 허공에 누각(樓閣)을 지으면서 시간을 허비하지 마라. 원하는 것의 비전을 붙들고 **지금** 행동하라.

부를 향한 첫 번째 단계로 새로운 일이나 어떤 이상하고 특이한, 놀라운 행동을 추구하지 마라. 당신의 행동은, 적어도 앞으로 어느 정도는 과거에 해오던 것과 같을 가능성이 있지만, 이제 당신을 확실히 부자로 만들어주는 식으로 그런 작업을 행하기 위해 시작할 것이다.

자신에게 적합하다고 느껴지지 않는 어떤 사업에 종사하는 경우, 올바른 사업에 들어갈 때까지 기다리지 말고 행동하기 시작하라.

올바른 사업을 얻겠다는 목적으로, 그 사업을 하고 있는 자신의 비전을 붙들고, 그 안으로 들어가겠다고, 그리고 들어가고 있다고 믿어라. 하지만 현재의 일 속에서 행동하라. 더 나은 것을 얻기 위한 수단으로 현재의 비즈니스를 이용하고, 더 나은 것을 얻기 위한 수단으로 지금의 환경을 이용하라. 올바른 사업의 비전은 믿음과 목적을 가지고 붙든다면, 올바른 비즈니스가 당신을 향해 다가오도록 하는 최고의 힘을 발휘할 것이다. 그리고 확실한 방식으로 행동한다면, 당신은 그 비즈니스로 다가가게 될 것이다.

또한 당신이 고용인이나 임금 노동자이고, 원하는 것을 얻기 위해서는 자리를 옮겨야만 한다고 느낀다면, 상념을 허공에 투사해서, 다른 직장을 얻는 것을 거기에 의존하지 마라. 아마 뜻대로 되지 않을 것이다.

지금 하고 있는 일에 신념과 목적을 가지고 **행동**하면서, 원하는 일을 하고 있는 자신의 비전을 확고히 붙잡아라. 그러면 틀림없이 원하는 일을 얻게 될 것이다.

비전과 믿음이 창조의 힘을 당신에게 다가오도록 설정하고, 당신의 행동이 창조력으로 하여금 당신을 원하는 곳으로 옮겨가게끔 해줄 것이다.

***

월러스 워틀스의 "부자가 되는 과학적 방법(The Science of Getting Rich)"에서 인용.

의식으로 성공하기

레메즈 사손(Remez Sasson)

오랫동안 당신은 크고 반짝이는, 아름다운 빨간 자동차를 소유하고자 갈망해 왔다. 이제 그것이 당신 집 앞에 주차되어 있다. 내부는 넓고 쾌적하다. 그리고 많은 첨단장비들이 장착되어 있다. 당신은 그 차를 운전하면서 대단히 즐겁고 기분이 좋다. 새 차만이 가지는 고유한 냄새가 맡아지는가? 친구와 이웃들의 감탄하는 얼굴을 보면서 가슴 속에서 기쁨이 올라오는 것이 느껴지는가?

이런 묘사를 읽고 지금 기분이 어떤가? 이 느낌에 주의를 기울이기 바란다. 아마 몇 초 동안 기분이 좋았을 것이다. 그런 다음 마음이 반응하기 시작하고, 이렇게 말할 것이다. "그래, 그런 생각이 마음에 들어. 하지만 이런 일들은 결코 실제 생활에서 일어날 수 없어. 그것은 단지 백일몽일 뿐이야." 이제 모든 마법은 사라졌다. 당신의 마음이 마법의 느낌과 꿈을 깨버렸다.

당신은 백일몽과 환상을 깨지 않고 그냥 내버려둘 수 있다. 그 것들에 대해 부정적인 의견을 말하거나 무익하고 근거 없다고 내 버리지 마라. 백일몽이 끝나면, 그냥 다른 생각으로 옮겨가면 된 다. 비판이나 의견을 달지 마라. 반드시 백일몽에 대해 부정적인 말을 하고 그 실현 가능성에 불신을 보여야만 하겠는가? 그대로 당신의 인생으로 이동하라. 하지만 백일몽과 환상을 가질 때, 그것 의 구체적인 가능성을 부인하여 꿈을 파괴하지 않도록 하라.

꿈을 믿는 것이 당신을 비실제적이고 허황된 꿈이나 꾸는 사람 으로 만들지는 않을까 걱정하지 마라. 꿈과 환상이 당신에게 동기 를 부여하고 영감을 주도록 하라. 그러면 당신은 더 실용적이고 성공적인 사람이 될 것이다.

새 아파트나 또는 새 차의 열쇠를 받았을 때 어떤 기분이 들었 나? 오랫동안 갈망했던 장기휴가를 떠나려고 공항에 있을 때 기분 이 어땠었나? 직장에서 승진했을 때, 또는 어떤 프로젝트를 성공 했을 때 어떤 종류의 감정을 경험했나? 병환에서 회복했을 때 기 분이 어땠었나? 그 기분을 되살리고 행복한 순간을 다시 살려고 하라. 왜냐하면 거기에는 큰 힘이 있기 때문이다.

성공에 수반되는 느낌은 매우 중요하다. 과거의 성공에 수반되었던 느낌을 기억하고 재현하라. 그것이 미래를 위한 마법이기 때문이다. 의도적이고 의식적으로 불러낸다면, 그 감정과 느낌들은 당신의 꿈을 이루어주는 원인으로 작동할 수 있다.

마음속에 성공에 수반되는 느낌과 감정을 리허설하는 것은 보이지 않는 힘을 움직여서 가시적인 성공을 창조하게 한다. 이 행복과 성공의 느낌은 멘탈 계와 아스트랄 계에 압력을 일으켜서 그 느낌을 물질화하도록 유발한다. 이러한 감정과 관련된 어떤 생각이든지 구체적인 실질로 나타난다.

성공을 경험할 때마다, 우리는 멋지고 상쾌한 느낌을 즐긴다. 그 느낌을 다시 잡아서 되살려서 그것을 새로운 성공의 씨앗으로 바꿀 수 있다. 정말로 이루고 싶은 뭔가에 대해 생각하면서, 동시에 의식적으로 의식 속에 이 성공의 느낌을 생성하고 그 속에 머문다면, 당신은 놀라운 업적을 달성할 수 있다. 이것이 마법의 지팡이다. 당신은 이 마법의 지팡이로 마법을 부리고 경이로운 일을 성취할 수 있다.

성공을 향한 올바른 태도

자신의 야망과 욕망, 목표를 매우 진지하게 살펴보면, 당신은 그것들이 현실로 이루어지는 데 있어 어떤 두려움을 가지고 있다는 것을 알고 놀랄 수도 있다. 당신은 뭔가를 원하지만, 아직 그것을 가지는 걸 두려워한다. 다른 삶을 살고 싶지만, 잠재의식 속에서는 변화를 두려워한다. 겉으로는 결혼을 욕망할지 모르지만, 마음 깊은 곳에서는 그것을 두려워한다. 직장을 옮기고 싶지만, 변화를 두려워한다. 이것은 친숙한 것이 안전한 느낌을 주기 때문이다. 이와 같은 예는 얼마든지 찾을 수 있다.

목표가 있는데, 동시에 의심과 두려움을 겪는다면, 당신은 실제로 꿈의 현실화에서 멀어지고 있는 것이다. 그것은 바람과 해류를 거스르며 항해하는 것과 같다. 당신은 항상 뒤로 돌아가고 또 돌아가고 있다. 이런 두려움은 마음속에 숨어 있어서 알아차리지 못할 수도 있다. 자신의 욕망을 분석하고 거기에 어떤 저항이 있는지 파악하려고 하는 것은, 두려움을 밝은 빛 아래 가져오게 해서 어떤 두려움과 내면의 장애든지 모두 던져버리게 해준다.

대부분의 사람들은 주변 세상을 현실적이고 견고한 것으로 본다. 그들의 마음은 주위에 보이는 것에 묶여 있다. 그들의 생각이 인생, 환경 그리고 발생하는 사건들을 반영한다. 환경과 상황을 무시하고 마음속에 다른 상황을 만들어내는 사람은 거의 없다. 상황과 환경이 사람들의 인생에 영향을 미친다. 그리고 그들은 거기에 대해 자신이 할 수 있는 것은 아무것도 없다고 생각한다. 그러나 마음속으로 다른 인생을 볼 수 있게 되면, 당신은 환경의 노예가 되는 것을 멈추고, 자신만의 삶을 만들기 시작하게 된다.

마음속에 현재의 인생 상황과 관련 없고 다른 생각과 이미지를 붙들고 있는 한, 누구도 비현실적이고 무관심하게 되지 않으며 약해지지 않는다. 최선의 방법으로 인생사를 처리하는 것은 가능하다. 그러면서 동시에 다른 현실을 시각화하고 기대하도록 하라. 상상력을 이용해서 마음속으로 다른 상황이나 환경을 보고 느끼도록 하라. 그리고 무슨 일이 일어나는지 지켜보라.

같은 생각을 계속 반복한다면, 마음이 부정적인 생각과 두려움, 걱정과 의심으로 반대하고 저항하지 않는 한. 그것은 실현된다.

때로는 아직 준비가 되어 있지 않다는 사실에 기인하여 생각이나 욕망의 구체화가 지연될 수 있다. 어쩌면 원하는 것을 얻기 전에 좀 더 많은 지식이나 교육, 새로운 기술이 필요할지도 모른다. 때로는 일이 비정상적인 방법으로 갑자기 발생할 수도 있지만, 대부분의 경우 자연스럽고 점진적인 방식으로 주어진다.

의식과 성공

마음과 의식이 인생을 창조한다. 자신을 더 의식할수록, 당신은 더욱더 강해진다. 자신을 몸이나 에고 또는 한 사람으로서 의식한다는 의미가 아니다. 육체의 관점에서가 아니라, 살아 있다는 느낌, 존재의 느낌, 의식적 존재로서의 자신을 의식하는 것을 말하는 것이다. 그것은 자신이 영적인 실체로서 존재한다는 내면의 느낌과 감각이다. 그것은 몸과 에고를 넘어서는 것으로서 자신의 내면의 본질에 대한 인식이다.

의식이 당신의 본질이다. 그것이 없으면 당신은 존재할 수 없다. 의식이 개성을 부여하고 몸에는 기능할 힘을 제공한다. 의식으로 인해, 걷고 먹고 일하고 공부하고 얘기하고 이해할 수 있다. 당신을 살아 있다고 느끼게 해주는 것이 바로 그것이다. 그것은 만질 수 없는 무형이지만, 매우 매우 실질적이다. 그것은 생명의 인식, 살아 있고 존재하고 있음에 대한 인식이다.

의식의 초점을 성공에 맞추고 성공의 느낌으로 의식을 채울 때,

상황이 펼쳐지기 시작한다. 성공의 확신이 의식에 충만할 때, 당신의 손에는 위대한 힘이 주어진다. 성공의식은 의심의 여지없이 성공의 확신을 의미한다.

새 직장을 원하는가? 의심의 여지없이 이미 새 직장을 갖고 있다는 확신의 느낌을 불러내라. 아내나 남편, 휴가, 승진, 새 차, 혹은 돈에 관한 욕망을 가지고 있는가? 어떤 의심도 멀리 하라. 의식은 집중되어 있고 성공을 확신해야 한다.

의식이 실패와 의심에 맞춰져 있다면 어떻게 성공을 얻을 수 있겠는가? 의식과 자신의 존재감을 인식하고 그것에 초점을 맞추면서, 동시에 성공을 생각하라. 그리하면 당신은 마음대로 사용할 수 있는 거대한 힘을 가지게 된다.

성공을 위한 느낌과 의식 사용법

당신이 성취하고자 원하는 것이 무엇이든 간에, 그것이 이미 일어난 일인 것처럼 느끼려고 하라. 과거에 야망을 이루었을 때 경험한 행복을 다시 되살리고, 이 행복과 성취의 감정을 현재 순간으로 가져오라. 그러면 당신의 성공은 보장된다. 감정은 성공을 위해 매우 중요하다. 성공을 가져오는 것은 현재의 힘이다. 결과를 가져오기 위해서는 살아 있고, 강하고, 생생하며 진실한 감정을 살아야 한다. 감정은 생각에 불을 지피고 에너지를 더하며 강력하게 만들어준다. 감정은 전자제품을 작동시키는 전기와도 같다.

성공의식은 설사 지금의 현실이 원하는 것과 멀리 떨어져 있다고 해도 내적으로 확신하는 상태이다. 그것을 경험하는 데에는 돈이 들지 않는다. 의심과 반대의 생각, 감정이 마음속에 들어오게 하지 마라. 그러면 당신은 무엇을 하든지 성공의 길 위에 있는 것이다.

성공의 확실한 느낌을 불러내라. 감정에 연료를 붓고, 항상 생생하게 유지하라. 오직 그럴 때에야 내가 진심으로 의미하는 바를 이해할 수 있다. 그것은 비록 외부 상황이 반대의 것을 나타내더라도, 의도적으로 불러일으킨 의식 상태이다. 의식에는 창조력이 있다. 의식 안에 있는 것은 결국 밖으로 나오게 되어 있다. 여기에 초자연적인 것은 하나도 없다. 이것이 자연이 움직이는 방식이다.

의식이 야망과 욕망을 외부 세계에 실현할 때까지는 일정 정도 시간이 걸릴 수도 있다. 의식은 단순히 희미한 신념이 아니라, 완전한 성공의 확신에 흠뻑 적셔져야 한다. 의심은 완전히 사라지고, 오직 위대한 확신만이 남아야 한다. 이런 상황 하에서 마법이 세상으로 방출되어 나온다.

이 과정을 게임처럼 볼 수도 있다. 잠시 동안 의심을 옆으로 치워놓아라. 이런 내적 작업을 게임으로, 재미있고 도전적인 것으로 다루어라. 이것은 진지한 주제이지만, 재미있게 하는 것으로 긴장을 감소하고 긍정적인 방식으로 더 많은 에너지를 투여할 수 있다. 이 과정을 즐기도록 하라. 그러면 그 결과에 놀라게 될 것이다.

생각뿐만 아니라 느낌에도 초점을 맞추는 매우 가능하다. 느낌은 충분히 강력하면, 설사 생각이 배경에만 있다고 해도 일이 일어나도록 할 수 있다. 느낌과 감정이 강하고 사건이나 목표와 연결되어 있다면, 이 사건 또는 목표는 사실이 된다. 그림을 시각화하는 데 어려움을 겪는 사람들은 확실히 이 접근법을 더 선호할 것이다.

자신의 인생에 대해 생각해보라. 그러면 무엇인가에 대해 확신을 가지고 있으면, 정말로 그것을 획득하려고 의도적으로 노력하지도 않아도, 그 일이 실제로 일어난 적이 있었다는 걸 알게 될 것이다. 그것은 긍정적이고 좋은 것일 수도, 또는 손해가 되는 뭔가 다른 것이었을 수도 있다. 여기서 읽은 것을 받아들이고 따른다면, 당신은 이 능력을 의식적으로 사용할 수 있을 것이다.

지금까지 당신이 읽은 것은 실제로 창조적 시각화와 생각의 힘에 관한 것이지만, 이미지와 생각보다는 느낌과 의식에 좀 더 초점을 맞춘 것이다. 지금까지 읽은 것을 생각해보고, 실행에 옮기도록 하라. 풍요와 성공이 당신의 삶속으로 들어오게 하라.

***

레메즈 사손은 "의지력과 자기 훈련(Will power and Self-Discipline)", "시각화하고 성취하라(Visualize and Achieve)"을 저술했다. 그는 영적 성장과 명상, 긍정적 사고방식, 창조적 시각화와 마음의 힘에 관해 글을 쓰고 사람들을 가르치고 있다.

원인과 결과의 법칙

톰 페인(Tom Payne)

모든 보편법칙 중 가장 심오한 법칙은 원인과 결과의 법칙이다. 우리 모두 그것을 알고 있지만, 성경의 원리나 구세대의 것으로 폐기해버렸을지도 모른다. 그러나 그 법칙은 여전히 우리의 모든 깨어있는 순간에 드라마틱하게 영향을 미친다!

원인과 결과의 법칙은 이렇게 말한다. '인생에서 현재의 모든 결과에는 특정한 원인이 있다. 모든 생각과 행동은 우리에게 되돌아오는 에너지의 힘을 생성한다. 우리는 뿌린 대로 거둔다.'

원인과 결과의 법칙, 즉 인과의 법칙은 절대적이고 철갑을 입힌 보편법칙이다. 모든 것은 이유가 있어 불변의 법칙에 의해, 그리고 불변의 법칙을 통해 일어난다. 우리가 그 법칙을 알던 모르던, 이해하던 이해하지 못하던, 심지어 받아들이던 받아들이지 않던 상관없다. 우연도 없고 행운도 없고 불운도 없다. 우리는 엄격하고 타협하지 않는 법칙이 지배하는 우주에 살고 있다. 이 법칙을 바꿀 수도, 속이거나 기만할 수도 없다. 법칙은 당신의 태도와 무관하게 운영될 것이다.

법칙을 따르면 성공과 행복을 발견할 것이다. 거부하거나 무시하면 그 반대가 될 것이다! 이것은 심오하면서도 매우 단순한 진리이다.

예수, 붓다, 마호멧, 그리고 여타 모든 위대한 철학자들은 이 법칙을 가르쳤다. 이 법칙은 바이블에도 기술(記述)되어 있고, 바가바드기타와 모든 문화의 고대 문헌에서도 찾을 수 있다. 법칙은 인생의 세 영역 - 물질세계, 정신세계, 그리고 영적 세계 - 모두에 적용된다.

모든 행동에는 거기에 상응하는 반작용이 따른다. 손으로 테이블을 때리면, 테이블도 손을 때리며 반응한다. 밀을 심으면, 땅은 밀로 돌려준다. 하지만 잡초를 심으면, 땅은 역시 더 많은 잡초로 화답한다.

마찬가지로, 다른 사람을 학대하거나 악용한다면, 살면서 도둑

질을 하고 남을 속인다면, 수백만의 굶주리는 사람들을 무시한다면, 인과의 법칙은 이번 생애 또는 다음 생의 언젠가 반드시 거기에 대한 응답을 할 것이다. 누군가가 당신을 학대 또는 악용하거나, 당신에게서 훔치거나, 혹은 당신의 배가 주릴 것이다.

알던 모르던 법칙은 매일 당신의 삶에 나타나고 있다. 당신이 내보낸 것이 돌아온다. 그리고 그것은 같은 분량으로 돌아오는 것이 아니다. 내보낸 것이 돌아올 때는 좋은 것이던 나쁜 것이던 증식되어서 돌아온다! 한줌의 옥수수 씨앗을 심으면, 한 트럭 분량의 옥수수를 수확할 것이다. 엉겅퀴 한 개조차 백만 개 이상의 씨앗이 들어 있어 자라고 증식할 준비가 되어 있다. 인생 또한 마찬가지다.

성공에는 특정한 원인이 있다. 실패에도 특정한 원인이 있다. 건강에도 특정한 원인이 있고 질병에도 역시 그러하다. 행복에는 특정한 원인이 있고 불행에도 역시 마찬가지로 특정한 원인이 있다.

따라서 원인과 결과의 법칙이 자신의 삶에 어떻게 영향을 주었는지 이해하려면, 과거가 현재의 상황을 어떻게 만들었는지 정직하게 분석하고 인지해야 한다. 그리고 나서, 과거가 현재에 미친 영향이 마음에 들면, 그 원인을 증가시켜야 한다. 반대로 과거가 미친 영향을 바꾸고 싶다면, 원인을 바꾸면 된다. 좋던 나쁘던 오늘 수확하고 있는 것은 무엇이든 간에, 어제 또는 과거 언젠가 뿌린 것의 반박할 수 없는 직접적인 결과이다.

그리고 좋은 소식은, 오늘 뿌린 씨앗을 미래에 수확하므로, 당신은 미래에 대한 완전한 통제력을 가지고 있다는 것이다. 그러므로 만약 특정한 수확을 얻거나 미래에 인생의 어떤 영역에서 결과를 일으키고 싶다면, 오늘 적절한 씨앗을 심어야 한다.

당신의 생각과 행동이 원인이며, 삶에서 펼쳐지는 상황들이 그 결과이다.

오늘 생각하는 것이 말 그대로 내일의 현실을 창조한다. 만약도 없고, 하지만도 없고, 예외도 없다. "당신은 생각하는 그대로 된다."는 말은 옛날에도 진실이었고 오늘날에도 진실이다.

원인과 결과의 보편적인 법칙은 빗나가지 않으며 그럴 수도 없다. 법칙은 당신이 받아들이던 그렇지 않던 상관없이 작동한다. 인생에서 일어나는 모든 것은 당신이 생각하는 방식의 직접적인 결과이다. 생각의 질을 바꾼다면 밤이 지나고 아침이 오듯이 삶의 질도 명백히 달라질 것이다. 외적 경험의 변화는 내적 경험의 변화를 직접적으로 따른다. 그것이 법칙이다!

법칙이 정확한지 증명할 수 있는 유일한 길은 스스로 적용해보는 것이다. 내면을 바꾸면, 외부 상황의 변화는 놀랍도록 빠르게 일어날 수 있고 또 실제로 그렇게 된다. 이 법칙을 적용해도 당신이 영원토록 바꿀 수 없는 것은 아무것도 없다! 삶의 문제, 건강 문제, 인간관계, 재정상의 문제 또한 마찬가지다.

생각으로 씨앗을 뿌리고 행동으로 수확하라. 행동으로 씨앗을 뿌리고 습관으로 수확하라. 습관으로 씨앗을 뿌리고 성격으로 수확하라. 성격으로 씨앗을 뿌리고 운명으로 수확하라!

심지어 당신이 소홀히 하고 회피하거나 미루는 것도 영향을 미친다. 아무것도 하지 않는 것도 그 자체로 피할 수 없는 결과를 가진다.

이것은 인과관계 이론이 아니다. 원인과 결과라는 법칙이다. 이 법칙을 이해하고 적용함으로써, 당신은 인생을 즉각적으로 더 나은 쪽으로 바꿀 수 있다.

***

톰 페인의 오디오 카세트 "인생을 바꿔줄 7가지 다이내믹한 열쇠(The 7 Dynamic Keys that will Transform Your Life)"에서 인용.

큰 목표를 달성하는 무언의 비밀

조 비테일(Joe Vitale)

몇 년 전, 나는 몇 개의 네트워크 마케팅 모임에 참석했다. 이 모임들은 보통 아침이나 점심을 같이 하면서 사람들이 명함을 주고받고 서로에게 새 고객을 소개해주는 비즈니스 모임이었다.

나는 이런 모임에서 연설을 많이 했다. 내가 빠르게 눈치 챈 것은, 같은 사람들이 같은 모임에 참석하는 것처럼 보인다는 것이었다. 한 주의 깊은 친구가 이렇게 말했다. "전부 똑같은 사람들이야 - 그리고 모두 굶주리고 있어!"

그 때가 내가 처음 레벨의 개념에 대해 배웠을 때였다. 사람들은 같은 레벨의 비즈니스나 사회적 위치에 안주하는 경향이 있다. 친구를 만날 때도 같은 교회나 직장, 학교, 어떤 클럽 등 통상적으로 같은 활동의 범주 내에 있는 사람을 만난다. 그 결과, 지금 있는 레벨 밖으로 나오는 경우가 거의 없다.

그것이 나쁜 것은 아니다. 그대로 지금 있는 레벨에 머물면서 잘 지낼 수도 있다. 하지만 그 이상을 원하거나 현재의 레벨에서 부족함을 느낀다면, 한두 단계 정도 상위 레벨로 올라갈 필요가 있을 것이다.

이들 네트워크 모임에서 말하면서, 나는 방 안의 모든 사람들보다 등급이 높았다. 잘난 척 하려는 게 아니다. 사회적 인식이 그렇다. 단순히 강연자라는 이유로 청중보다 조금 더 높은 레벨에 있는 존재로 보이는 것이다. 나는 권위 있는 인물이었다. 좀 더 높은 선생으로서, 나는 청중의 수준보다 조금 더 높은 레벨에 있었다.

하지만 그것으로 충분하지 않다. 사업에서 큰 꿈을 이루고자 한다면, 지금의 친구와 동료들의 네트워크에서 벗어날 필요가 있다. 더 넓고, 강하고, 부유한 그룹과 관계를 맺을 필요가 있다. 즉, 당신의 수준을 올려야 한다.

어떻게 그럴 수 있을까? 내 경우에는, 내 책이 다른 범주, 더 높은 수준의 네트워크에 있는 사람들의 주의를 끌어주었다.

큰 목표를 달성하는 무언의 비밀　177

예를 들어, 내가 1995년에 미국 마케팅 협회(AMA: American Marketing Association)를 위해 "작은 광고 사업을 위한 AMA 완벽 가이드"를 썼을 때, 나는 즉시 새로운 수준으로 들어갔다. 이제 나는 권위 있는 조직을 위해 중요한 책을 저술한 저자이다.

이것은 내가 새로운 사람들을 만나게 해주었다. 이 사람들 각자는 자신만의 인맥을 가진 사람들이었다. 대개 이 네트워크는 내가 이전에 접촉했던 그 어떤 것보다 더 높은 수준에 있었다.

오늘날 괄목할 정도로 성공하려면, 당신은 한두 단계 위의 네트워크의 수준으로 올라가야 한다. 좋은 소식은, 이메일이 시작하기 좋은 수단이라는 것이다. 약간의 끈기와 재치만 있으면 이메일을 통해 누구에게든지 도달할 수 있다. 내가 처음 마케팅의 슈퍼스타 제이 콘래드 레빈슨, 다이렉트 메일의 전설 조 슈가맨, 심지어 물불을 가리지 않는 성격의 에벨 니에벨과 접촉하게 된 방법이 그것이었다. 나는 모든 것을 이메일로 이루었다.

사람들은 항상 내게 우호적인 편지를 보낸다. 이제 나는 전문가, 권위 있는 사람, 그리고 인터넷 마케팅의 선구자로 인식되고 있다. 사람들은 자기 이름이나 상품을 나와 연관 짓고 싶어 한다.

나는 사람들을 돕는 것을 좋아하므로, 일반적으로 최소한 한 번의 기회는 제공한다. 하지만 나는 그들이 가진 것을 보고, 사용하고, 좋아하지 않으면 절대로 보증하지 않는다. 이것은 내 레벨을 유지하기 위해 중요하다.

레벨을 올리는 것은 독창적으로 생각하는 것과는 다르다는 점을 명심하기 바란다. 당신은 창조성을 발휘하면서도 여전히 현재 수준에 머물 수 있다. 이웃과 함께 브레인스토밍하는 것은 버진 레코드 사(社)의 주인 리처드 브랜슨과 브레인스토밍하는 것과는 매우 다르다.

요점은 이렇다. 이전에 한 번도 달성해본 적 없는 목표에 도달하기 위해서는, 수준 상승과 더불어 새로운 경기장에서 새로운 사람들에게 참여해야 할 수도 있다.

그래서 오늘의 교훈은 당신의 현재 수준을 검토하고 목표를 생각한 다음, 당신의 네트워크 바깥에 있는 어떤 사람들이 당신이 목표를 달성하는 걸 도울 수 있는지 숙고하라는 것이다. 당신은 아마 지금의 수준과 안전지대 밖으로 나와야 할지도 모르지만, 그 걸음은 그만한 가치가 있을 것이다.

수준의 개념을 완전히 설명하려면 책 한 권이 필요할 정도다. 여기서는 그럴 만한 여유가 없다. 하지만 이 짧은 글을 끝내기 전에, 새로운 레벨로 가기 위한 약간의 팁을 제공하고자 한다.

1. 새로운 수준의 사람들이 감탄하는 가치 있는 무언가를 써라. 꼭 책을 쓸 필요는 없다. 바로 이 글이 나를 새로운 수준으로 인도할 수도 있다. 내 이름이 인터넷에서 수많은 사람들에게 알려진 주요 이유 중 하나는 내가 10년에 걸쳐 쓰고 배포한 수백의 기고문 덕분이다. 당신도 그렇게 할 수 있다.

2. 권위 있는 조직의 멤버십에 지원하라. 내가 전문 마술사들의 유서 깊은 클럽인 미국 마술사협회에 가입했을 때, 나는 마술사들 사이에서 내 위치를 상승시켰다. 올바른 컨트리클럽이나 비즈니스 그룹에 가입하는 것도 같은 일을 할 수 있다.

3. 마스터 마인드 그룹을 만들거나 가입하라. 나폴레온 힐은 사람들에게 마스터 그룹을 만들라고 강하게 촉구했다. 그룹이 작동하도록 하는 트릭은 당신이 성공하고자 하는 분야에서 이미 성공을 거둔 사람들 사이에 있는 것이다. 그들의 존재 자체가 당신을 도와 끌어올려줄 것이다.

4. 상위 네트워크에 있는 사람들에게 편지를 써라. 작가로서 내가 처음 시작했을 때, 밥 블리처럼 유명한 카피라이터처럼 나보다 월등히 뛰어난 사람들이 도와주었다. 지난 몇 년 동안에는, 머레이 래펄과 돌아가신 폴 하투니안 같은 구루들 모두 내게 도움을 주었다. 나는 그들에게 단순히 글을 썼을 뿐이다. 그들은 내 진정성을 인지하고 인도를 제공해주었다. 오늘날 나도 다른 이들을 위해 똑같이 하고 있다.

5. 상위 레벨에 있는 사람들의 연합이나 모임에서 말하라. 독특하게 제공할 특별한 뭔가가 필요하겠지만, 이런 레벨에서 원하는 것을 전달할 수 있다면, 당신은 그들에게 환영받을 것이다.

다시 말하지만, 지금 있는 수준에 잘못된 것은 없다. 당신은 친구를 잊거나 다리를 불태우고 싶지는 않을 것이다. 나는 단순히 당신이 거대한 목표와 큰 꿈을 가지고 있다면, 지금이 엘리베이터를 타고 한두 층 위로 올라갈 시간일 수도 있다고 제안하는 것이다.

***

조 비테일 박사는 베스트셀러 "영혼의 마케팅(Spiritual Marketing)"과 "꽂히는 글쓰기(Hypnotic Writing)"의 저자이다.

3부

* 부를 창조하기 - 카림 하지
* 두려움: 성공의 우회로 - 보리스 베인
* 번영의식 창조하기 - 랜디 게이지
* 더 많은 돈을 끌어당기는 방법 - 마이클 로지에
* 성공을 위한 "내면으로의 로그온" - 로버트 샤인펠드
* 감사가 왜 열쇠인가 - 제프 스타니포스
* 긍정적인 태도의 과학 - 에바 그레고리

부를 창조하기

카림 하지(Karim Hajee)

어떻게 어떤 사람들은 많은 돈을 가지면서 계속해서 더욱더 많은 돈을 버는데 반해, 어떤 이들은 돈을 더 벌려고 할 수 있는 모든 걸 다하면서도 입에 겨우겨우 풀칠하는지 궁금해본 적이 있는가? 아니면 왜 어떤 사람은 항상 원하는 것을 살 돈을 갖는데, 다른 이들은 설사 번듯한 직장을 가지고 있다고 해도 계속해서 빚을 쌓고 있는지? 나는 왜 이런 일이 일어나는지 이유와 어떻게 하면 언제나 긍정적인 현금 흐름의 삶을 사는 사람들 중 하나가 될 수 있는지 설명하고자 한다.

긍정적인 부 의식

최근 몇 년 동안 연구와 인터뷰, 그리고 내가 가르치는 크리에

이팅 파워 시스템을 통해서 나는 많은 부를 가진 사람과 긍정적인 현금 흐름을 사람들은 진정으로 긍정적인 부 의식을 발전시켰다는 사실을 배웠다. 요컨대, 그들은 항상 돈을 가지게 되리라고 믿으므로 항상 돈을 가진다. 그 결과 그들은 계속해서 돈과 돈벌이 기회를 끌어당긴다. 그러면서 동시에 돈을 절약하는 방법을 발견하고 돈이 자신을 위해 일하게끔 한다. 항상 이런 식이었던 것은 아니다. 그들 중 누구도 처음부터 돈을 가지고 있던 것은 아니었다. 사실상 대부분의 사람들이 돈을 벌었고 더 많은 돈을 버는 길을 계속해서 발견했던 것이다.

나는 미국 전역에 호텔 체인점을 소유하며, 캐나다와 바다 건너까지 사업을 넓히고 있는 좋은 친구 이반과의 대화를 기억한다. 그는 자신이 이민 가족 출신이라고 말했다. 그의 아버지는 회계사로 일하다가 나중에 소매점을 운영했고 어머니는 학업을 마치고 간호사가 되었다.

지루하게 그의 인생 스토리를 늘어놓을 생각은 없다. 하지만 내 요점은 그에게는 벤처 사업을 시작할 때 백만 달러를 줄 가족이 없었다는 것이다. 대신 그는 아버지 밑에서 일하기 시작했고 마침내 그의 사업을 물려받았다. 그리고 하나를 더 인수했다가 - 그것이 그의 성공을 이루었다 - 팔고 다시 또 하나를 인수했다. 그는 달라스 주 밖에서 자신의 첫 번째 호텔을 가질 때까지 이것을 반복했다.

나는 그에게 물었다: "불안하지 않았어? 실패하지 않을까 생각해본 적은 없었어? 그런 생각, 한 번도 해본 적 없어?" 그가 대답했다. "물론 그런 적 있었지. 하지만 나는 그런 생각을 아주 빠르게 내쫓았지. 나는 그냥 일이 잘되는 것만 생각했고 그렇게 될 거라고 나 자신을 설득했어. 그 이후로 나는 과연 내가 성공할까 하고 절대로 의심하지 않았어. 그리고 이 사업이 이렇게 크게 될 줄은 정말 몰랐어." 요컨대 이반은 사실상 자신이 뭘 했는지 알지도 못한 채 긍정적인 부 의식을 개발했다. 그러나 그는 자신의 마음과 잠재의식을 오지 부를 창조하는 데에만 집중하도록 훈련한 것이다.

그렇다면 긍정적인 부 의식이란 무엇인가?

이것은 당신이 돈을 벌 수 있고 돈을 벌 것이라는 믿음의 과정이다. 그것은 돈을 벌고 부를 창출하는 것은 자신의 권리라는 믿음을 포함한다. 그것은 부가 당신과 주변 사람들을 위해 할 수 있는 모든 좋은 일들에 초점을 맞출 것을 요구한다. 그것은 당신에게 더 많은 재산이 있다면, 더 많은 사람에게 도움이 될 것임을 이해하는 것이다. 그것은 탐욕스럽게 부를 욕망하면서 "날 봐. 난 부자야."라고 과시하는 것이 아니라 에고를 옆으로 밀어놓는 것이다. 그리고 대신 "그래, 난 재산이 많아. 그래서 내 가족을 포함해서 내가 돈을 써서 도울 수 있는 많은 사람들을 돌볼 수 있다는 거야."라고 말하는 것이다. 그렇다. 당신은 돈을 쓸 것이다. 사실을 인정하자. 더 많이 가질수록 당신은 더 많이 소비할 것이다. 이것은 부 의식의 창조에 있어 기본이다. 돈을 소유하는 것이 좋은 일이 아니라고 믿는다면, 절대로 아무리 열심히 노력한다고 해도 돈을 가지지 못하게 되기 때문이다. 일단 이 새로운 믿음 - 돈을 소유하는 것은 좋은 일이다 - 을 신념체계 안에 넣게 되면, 당신은 부를 끌어당기기 시작할 수 있다.

부를 끌어당기기 위해서는 먼저 지금 자신이 있는 자리를 보고 그런 다음 앞으로의 3개월, 6개월, 1년, 그리고 5년간의 현실적인 계획을 세울 필요가 있다. 지금 빚을 지고 있고 실직 상태라면, 다음 6개월 내에 백만 달러 갖기를 목표로 하는 것은 현실적이라고 할 수 없을 것이다.

대신에 직장을 구하고 빚에서 벗어나는 것이 우선순위가 되어야 한다. 직업이 있고 더 많은 돈을 벌고자 한다면, 다음 3개월, 6개월, 1년, 5년간의 현실적인 목표를 세우도록 하라. 지금 나는 알고 있다. 여러분 중 일부는 돈을 버는 것이 어렵다고 말할 것이다. "나는 돈을 더 벌려면 어떻게 해야 할지 모르겠어. 나는 빚더미 위에 앉아 있고 어떻게 빠져나가야 할지 몰라." 그러나 모든 문제에는 해결책이 존재한다. 그렇지 않았더라면 우리는 문제를 가지지도 않았을 것이다. 해결책을 찾는 데 초점을 맞춰라. 해결책에 집중하도록 마음을 단련하라. 원하는 해결책을 잠재의식에게 메시지로 보내기 시작하라.

이렇게 규칙적으로 하라. 답을 얻을 것이다. 돈이 하늘에서 그냥 떨어지지는 않겠지만 당신은 인도받게 될 것이다.

마음을 어떻게 훈련할 것인가?

먼저 원하는 것에 초점을 맞춰라. 직장을 구한다고 가정해보자. 당신은 이렇게 말하기 시작한다. "나는 일을 찾기 위해 무엇을 해야 할지 안다. 나는 일자리를 찾기 위해 올바른 일을 하고 있다. 나는 올바른 직장을 가진다." 그런 다음 직장을 얻기 위해 가능한 모든 일에 대해서 생각하기 시작한다. "나도 다 해봤어. 하지만 여전히 아무 일도 안 일어나는걸." 물론 이렇게 말할 수도 있을 것이다. 당신이 아무것도 갖지 못하는 유일한 이유는, 올바른 곳을 보고 있지 않기 때문이다. 당신은 길을 따라가면서 표지판에 주의를 기울이지 않고 있다. 특정 직업을 얻는 것에 전력투구하면서 다른 모든 기회는 무시하는 것일 수도 있다.

더 많은 돈을 벌고자 노력하는 데에도 같은 얘기를 적용할 수 있다. 특정한 방식으로 돈을 버는 데 여념이 없어서, 그 과정에서 눈앞에 나타나고 있는 다른 기회들은 무시하거나 종종 기각해버리는 것이다. 많은 돈을 벌고 싶어 하는 한 학생이 있었다. 그는 더 많은 돈을 벌 수 있는 유일한 방법은 자신의 사업을 확대하는 것이라고 생각했다. 그는 그렇게 했지만, 생각대로 잘 되지는 않았다. 크리에이팅 파워 시스템을 적용하기 시작하면서 그는 다른 기회들에도 주목하기 시작했다. 그는 자동차 사업을 하는 옛 친구를 만났다. 거두절미하고, 두 사람은 함께 어떤 부동산 투자 사업에 뛰어들기로 결정했다. 그리고 붐! 사업은 성공했다. 지금도 자신의 사업을 운영하고 있지만, 그가 원했던 부가 수입, 오직 자신의 사업에서만 벌 수 있다고 생각했던 돈은 완전히 다른 소스로부터 왔다.

이것은 오직 길을 따르면서 표지판에 주의를 기울였기 때문에 일어난 것이었다. 친구와 동업하기 전에도 많은 다른 기회가 주어

졌지만, 그에게는 올바른 것으로 보이지 않았다. 결국 그는 차분한 마음으로 적절한 시기에 올바른 기회를 얻을 것이라고 믿었기 때문에 올바른 선택을 했다. 그것이 필요한 다른 요소이다. 당신은 필요하고 원하는 것을 올바른 시기에 얻게 된다고 믿고 인내해야 한다. 하지만 에고를 옆으로 치워두고 흐름을 따라가는 것이 최선이란 것을 잊어서는 안 된다.

체인 호텔을 소유하고 있는 내 친구 이반은 첫 번째 호텔을 구입하기 전에, 중고차 사업의 50% 지분을 사는 걸 포함해서 많은 사업 기회를 조사했다. 중고차 사업은 지금도 성공적이지만 현재 그가 있는 자리에 비하면 대단한 게 못 된다. 중고차 사업에 대해 그는 이렇게 말했다. "당시에는 – 그게 적절해 보이지 않았어. 계약도 많이 했고, 그 사업이 성공할 거라는 건 알았지만, 내가 그걸 하고 있는 모습은 그려지지가 않았어."

당신은 자기에게 맞는 것과 함께 가야 한다. 그저 좋은 기회라는 것이 당신에게도 올바르다는 의미는 아니다. 이반은 중고차 사업에서 물러났고 2개월 후에 첫 번째 호텔을 구입했다. 그 때가 1993년이었다. 하지만 그는 올바르다고 생각하는 것을 위해 그 때까지 기꺼이 기다렸다.

마인드파워 마스터들이 전하는 돈의 비밀

부를 끌어당기기 위해 할 수 있는 일

상황에 상관없이 부를 끌어당기기 위해 할 수 있는 일은 여러 가지가 있다. 중요한 것은, 마음이 당신을 위해 일하게 해야지 반대가 되어서는 안 된다는 것이다. 여기에 당신이 할 수 있는 약간의 연습이 있다. 메모장과 펜을 꺼내서 돈을 벌거나 재정을 개선하는 것에 대해 생각하기 시작하라. 재정을 개선하거나 부를 창조하는 것에 대해 생각하면서 마음에 떠오르는 모든 생각을 기록한다. 솔직하라. 이 글은 오직 당신만이 볼 것이다. 충분히 했다고 느껴질 때까지 계속하라. 하루 동안 찬찬히 목록에 덧붙여라. 그런 다음 충분하다고 느껴지면, 자신이 쓴 것을 살펴보라. 긍정적인 생각에 밑줄을 긋고, 부정적인 것에는 동그라미를 쳐라. 부정적인 것이 얼마나 많은가? 돈이나 재정을 개선하는 것에 대해 가지는 어떤 부정적 사고도 돈에 대해서 가지는 나쁜 신념과 연결되어 있다. 더 많은 돈을 버는 것이 어렵다고 생각한다면, 돈을 벌어야 할 때 오직 어려움만 가지게 될 것이다. 왜? 잠재의식은 오직 당신의 신념에 따라 현실을 만들려고 하기 때문이다. 잠재의식은 그 신념이 좋은지 나쁜지 상관하지 않는다. 단순히 지시를 따를 뿐이다. 그리고 그 지시는 당신의 생각과 신념이다. 그러므로 생각을 바꿔라. 신념이 달라진다. 신념이 달라지면 당신의 인생도 달라진

부를 창조하기 **193**

다.

카림 하지는 "크리에이팅 파워(Creating Power)"를 저술했다. 크리에이팅 파워와 함께라면 바라는 성공과 행복을 창조하고 인생의 주인이 될 수 있다.

194 마인드파워 마스터들이 전하는 돈의 비밀

두려움: 성공의 우회로

보리스 베인(Boris Vene)

당신이 대부분의 사람들과 같다면, 의식적으로든 무의식적으로든 당신을 속박하는 두려움에 종종 맞닥뜨리고 있을 것이다. 비록 두려움과 더불어 태어나지는 않았어도, 당신은 그 환경의 영향을 강하게 받고 있다. 어쩌면 걱정과 두려움이 당신의 행동이 파생되어 나오는 기본베이스라고 생각하고 싶을 수도 있다.

세일즈맨들은 이 강력한 힘을 알고 있다. 사람들은 "일어날지도 모르는" 재해에 대비해 한 트럭 분량의 보험에 가입한다. "나중에 후회하는 것보다야 낫다."라고 하면서 말이다. 당신은 집이나 차에 여분의 열쇠를 두는가? 피부색을 좋게 하거나 원치 않는 살을 빼려고 음식이나 음료, 약을 구입하는가?

뭔가를 잃는 것이든 나쁜 것을 얻는 것이든 간에, 두려움이 항상 거기에 있는 원동력이다.

인생에서 새로운 상황은 새로운 두려움에 직면하도록 강요한다. 당신은 그렇게 나쁘지는 않다고 자신을 위로할지도 모른다. 혹시 진료 예약, 치과 예약, 또는 이발이나 미용 예약을 했는데 막상 대기실에 들어갔을 때 전혀 아프지 않고 그날따라 헤어스타일도 너무 마음에 든 적이 없었던가? 이제 당신은 그냥 집으로 돌아가고 싶다. 두려움은 그렇게 강력한 동기부여자이다.

가장 일반적인 두려움에는 다음과 같은 것들이 있다.

1. 미지의 것에 대한 두려움
2. 실패와 거절에 대한 두려움
3. (가진 것을 잃는 것에 대한) 상실의 공포
4. 현실을 직면하는 것에 대한 두려움
5. 인정받지 못할까봐 하는 두려움

성공하고자 한다면 이 모든 두려움에 대처해야 한다.

그것들을 거부하거나 잠재의식으로 쫓아버릴 수 없다. 그러는 것은 오직 뜨거운 불에 장작을 대주는 격이 될 뿐이며, 갑자기 통제할 수 없는 거대한 폭발이 되고 말 것이다. 화재처럼, 두려움도 불씨가 작을 때 짜부라뜨리기가 더 쉽다. 자신의 공포를 직면하고 영원히 추방하라! 지금 시작하라! 먼저 다음 것부터 시작하자…….

미지의 것에 대한 두려움

미지의 새로운 영역에 들어서는 것을 두려워하고 긴장하거나 염려하지 않는, 살아있는 사람은 없다.

어떤 제약이 있을까? 어떤 변화가 일어날까? 상황을 잘 처리하거나 과업을 완수할 수 있을까? 무엇을 해야 할지, 그리고 과연 해낼 수 있을까? 사람들이 비웃지는 않을까? 그럴 만한 가치가 있을까?

미지에 맞서는 한 가지 방법은, 행동하지 않으면 절대로 평범함에서 벗어나지 못하리라는 걸 인식하는 것이다. 꿈을 이루는 사람과 그렇지 못한 사람의 기본적인 차이는 행동에 있다. 전자(前者)는 말을 행동으로 옮기고, 후자(後者)는 결코 말에서 벗어나지 못한다.

자신에게 물어라. 행동을 시작하면 나는 무엇을 잃을 수 있을까? 솔직하게 대답하라. 전형적인 답변은 시간과 긍지 등이다. 하지만 이런 대답은 피상적인 것에 불과하다는 걸 알아야 한다.

무엇을 얻을 수 있을까? 의심할 여지없이 하나의 경험이 당신을 더 부유하게 하고, (그리하여 마침내) 무엇보다도 성공에 더 가깝도록 해줄 것이다. 두려움을 극복하고 습관이나 바람직하지 않은 성격을 바꿔서 욕망의 달성에 한 걸음 더 다가가게 하는 것은 자신감이란 걸 망각해서는 안 된다.

마음속으로 들리는, 절대 성공하지 못할 거라는 소리 때문에 자신을 흥분시키는 새로운 사업을 시작할지 말지 매우 오래도록 고민하고 있었던 젊은 사업가가 생각난다. 우리가 가진 대화 후에, 그는 그것이 자신의 길이라고 느꼈고 그래서 사업을 시작하리고 결정했다. 그는 성공하지 못했다. 사실상, 처음 결과는 꽤 끔찍한 편이었다.

1년 후에 자기와 같이 보내준 시간에 감사하는 그의 편지를 받았을 때 나는 놀라지 않을 수 없었다. 그는 그 때 이후로 달라진 사람이 되었고 인생에서 처음으로 자신이 하고 있는 일을 즐기고 있다고 썼다. 그는 처음에는 재정적으로 일이 잘 풀리지 않았지만,

점차 확고한 기반을 구축했고 지금은 돈도 잘 벌고 있다.

"내가 선택을 하고 첫 걸음을 내딛지 않았더라면," 그는 이렇게 덧붙였다. "돈과 기쁨을 모두 가져다줄 수 있는 일이 존재하는 줄은 몰랐을 겁니다. 나의 첫 번째 실패는 그 깨달음에 대한 작은 대가였습니다. 더 중요한 것은, 과거에 나의 모든 비즈니스와 개인적 결정에 도사리고 있었던 두려움을 파악할 수 있었다는 겁니다. 오늘날, 나는 나를 누르려고 애쓰는 제약을 보고 웃습니다. 이제는, 새로운 도전을 만나면 오히려 행복합니다. 그리고 요즘에는 모든 일에서 성공을 거두고 있습니다."

결정을 내리기가 너무 어려운 것 같을 때에는, 종이 한 장을 반으로 나누고 한 쪽마다 각각의 장단점을 적어보라. 자주는 아니더라도, 단점 항목은 보통 "자신감의 부족"이나 "돈이나 시간이 충분하지 않다." 등의 "정황적 단점"으로 채워지는 경우가 많다. 이런 단점들은 실제로 뭔가를 하는 "이유"에 비교되지는 못한다.

행동하지 않은 이유 중 대부분은 나약한 변명에 근거를 둔다. 무언가를 두려워한다면, 마음은 그것을 하지 않는 확실한 방법을 찾아서 길을 가로막고 원치 않는 일을 하지 못하도록 방해할 것이다. 먼저 모든 두려움을 남김없이 적은 다음, 손에 쥐고 다시 한 번 들여다보라.

두려움을 쫓아버리고, 인생의 기회를 갖겠다고 의식적으로 결정하라. 믿어도 좋다. 이런 단순한 연습이 일반적으로 매우 큰 효과를 나타낸다! 물론, 선택은 여전히 (앞으로도 늘) 당신의 것이다.

***

보리스 베인은 인간 잠재력 분야에서, 유럽에서 가장 뛰어난 국제적 연사, 동기부여가, 개인 코치로 알려졌다. 또 유럽의 베스트셀러 "깨달은 세일즈맨: 내면으로부터의 판매(The Enlightened Salesperson: Selling from the Inside Out)"의 저자이기도 하다.

번영의식 창조하기
랜디 게이지(Randy Gage)

메모는 군목 프로그램 전단지 뒷면에 낙서처럼 적혀 있었다. 그것은 내 자신의 교회에서 주일 예배가 끝난 후, 교구민이 쓴 것이었다.

그는 "부자들이 영적인 사람이란 걸 목사님이 지적할 때까지는 몰랐습니다."라고 밝혔다. "노예들은 제대로 된 길에 있는 거네요. 잘못된 것은 딱 하나, 그 노예들의 번영의식이구요!"

메모를 쓴 사람이 매우 냉소적이라는 사실은 의심의 여지가 없었다. 그리고 그의 의견은 내 가르침의 부조리를 폭로하고 자기 신념을 지지하는 것이라는 생각이 들었다. (어쨌든 가난한 것이 영적이며, 부자는 가난한 사람들을 착취하고 있다고 가정해도 좋을 것이다.)

그가 그런 비유를 고른 것이 매우 흥미로웠다. 나는 진실로 많은 경우, 부자들이 가난한 사람보다 더 높은 의식을 운영하고 있다고 믿기 때문이다. 부자가 부자인 이유는 바로 그것이다!

또 나는 다른 사람이 자신의 자유를 훔치게끔 허용하는 사람에게는 심각한 번영의식 문제가 있다고 믿는다. 그는 메모에 자기 이름을 밝히지는 않았다. 아마도 그는 자기 의견의 아이러니를 보는 대신, 내가 보는 진리의 한 단면을 발견하지 못했을 것이다. 그가 느낄지 모를 놀램과 충격을 상상해보라. 아마 당신도 지금 똑같이 느끼고 있을 수도 있다.

부자들이 부를 축적했다는 사실은, 그들이 적어도 번영을 다스리는 영적 법칙을 어느 정도 적용했다는 얘기이다. 물론, 모든 부자가 영적이고 가난한 사람들은 전부 영적이지 않다는 뜻은 아니다. 번영은 강력한 영적 연결, 최적의 건강, 좋은 인간관계, 보람 있는 직업, 그리고 물질적인 면을 포함한 수많은 요소들이 결합해서 나오는 시너지 효과이다.

따라서 병들고, 쓰라린 경험을 갖고 있으며, 외로운 부자는 확실히 번영하고 있는 게 아니다. 마찬가지로, 당신이 건강하고 영적으로 원만하며 좋은 결혼생활을 유지하고 있다 하더라도 매달 카드 대금을 갚느라 고생하고 있다면, 당신도 확실히 번영하지 못하고 있다.

"생각하는 대로(As a Man Thinketh)"라는 책에서 제임스 앨런(James Allen)은, 사람들이 흔히 하는 "독재자 한 명 때문에 많은 사람들이 노예가 된다. 그러니 그 독재자를 증오하자."라는 말을 뒤집어서, "많은 사람들이 노예이기 때문에 한 명의 독재자가 나타난다. 그러니 노예를 경멸하자."라고 말하는 경향이 조금씩 늘고 있다고 지적한다.

사실 노예와 독재자는 모르는 가운데 결핍과 제약 속에서 서로 협력한다. 겉으로는 서로 괴롭히는 것 같지만, 실제로는 자기 자신을 괴롭히고 있다.

번영과 인간 존엄성은 모두 받게 되는 가치를 기반으로 한다. 독재자는 받아야 할 것 이상을 착취하므로 번영을 유지할 수 없으며, 궁극적으로 자신의 의식을 파괴하고 말 것이다. 노예는 자기 자신에게 충분한 가치를 부여하지 않으므로, 마찬가지로 영적 파산 상태로 끝맺음을 할 것이다. 기적수업(A Course in Miracles)에서는 '희생자란 없다, 모두가 자원해서 협력하는 것'이라고 가르친다.

자신의 의식을 높이기를 거부하는 사람은 약하고, 의존적이며 비참한 상태로 남을 것이다. 사람은 의식을 높임으로써 예속을 거부하고 한계를 극복하며 위대한 업적을 달성할 수 있다. 앨런의 책을 다시 인용하자.

"강자는 약자가 도움을 원하지 않는 한, 심지어 스스로 강해지려고 하지 않는 한, 그를 도울 수 없다. 약자는 자신의 노력으로 다른 이들에게서 감탄하는 그 힘을 개발해야 한다. 자기 자신 말고 자신의 상황을 바꿔줄 수 있는 사람은 아무도 없다."

가난한 것이 영적인 것이라고 지속적으로 프로그램되어 있다면, 번영하는 힘을 개발하는 것은 힘들다. 특히 그것이 잠재의식 수준에 뿌리내려 있고 자신이 프로그램되어 있다는 걸 알지 못하면 더욱 그러하다.

진정한 영적 번영을 경험하려면, 삶의 모든 영역에서 번영을 구현해야 한다. 대부분의 영역에서 잘하고 있다면, 많은 돈이 필요하지 않지만, 메모를 썼던 교구민과 같은 함정에 빠지기 쉽다.

당신은 나중에 어떻게든, 아마도 천국행 티켓 같은 보상이 올

거라고, 그래서 어떻게든 현재의 속박된 삶을 보상받으리라고 믿고 싶다. 결국, 우리 중 누가 자신이 불필요하게 고통 받고 있거나, 또는 풍요가 바로 눈앞에 있지만 우리가 거절하고 있다고 믿고 싶어 하겠는가?

자, 우리의 메모 작성자에게 공정해지자. 그는 확실히 혼자가 아니다. 이런 유형의 생각은 오늘날 꽤 만연해 있다.

그렇다면 나는 왜 그토록 많은 사람들을 위협하는 메시지가 담긴 책을 쓸까? 사람들이 위협받지 않을 때 무슨 일이 일어날지 두렵기 때문이다.

나는 내 특권과 플랫폼의 책임을 진지하게 받아들인다. 사실상, 나는 그것을 신성하게 여긴다. 나는 메시지를 말한다. 나는 사람들이 듣고 싶어 하는 것이 아니라, 들을 필요가 있다고 판단하는 메시지를 말한다. 어디서든 인생에서 가난과 결핍을 경험하는 사람들을 보는 것은 내게 고통이다.

생각해보면, 내가 일요일 예배를 본다는 아이디어는 재미있는 일이 아닐 수 없다. 나는 무신론자로 컸고, 30년 동안 딱 두 번 교회에 들어갔었다. (한 번은 실수로, 한 번은 결혼하기 위해서.)

내가 결국 집이라고 부르게 된 교회로의 길을 발견했을 당시, 나는 실업자에 차도 없었고, 5만5천 달러의 빚을 안고 있었다. 그리고 가구를 팔아 생계를 이어나가고 있었다. 몸은 너덜너덜했고, 인간관계는 완전히 엉망이었다. 더 이상 불행할 수 없을 정도였다. 가구를 다 팔고나자, 나는 하루 세 번 마카로니와 치즈를 먹으며 연명했다. 그리고 그 때 매우 흥미로운 것을 발견했다…….

나는 성공과 번영은 기회나 행운, 심지어 훈련이나 교육 수준, 기술 등과 거의 무관하다는 것을 이해하게 되었다. 그것은 모두 의식과 신념, 그리고 자신이 인식하지 못하는 잠재의식의 프로그램과 관계있었다.

빈곤은 돈과 물건의 결핍이 아니다. 빈곤은 하나의 사고방식이다. 번영은 돈과 물질이 풍요로운 것이 아니다. 그 또한 하나의 사고방식이다.

번영을 지배하는 법칙을 공부하기 시작했을 때, 나는 절망에서 벗어나는 원리들을 받아들였다.

나는 그 원리들을 적용했고, 나처럼 인생의 위대한 전환을 이룬 사람도 찾아보기 힘들 것이다. 나는 진실로 축복받고 삶의 모든 영역에서 지속적으로 증가하는 풍요를 구현했다.

이것은 오직 내가 기꺼이 나의 약점을 직면하고, 교활한 "결핍" 프로그램을 발견해서 제거하고, 긍정적인 프로그램으로 대체하려 했기에 일어난 일이었다. 오늘날에도, 나는 내 자신이 보고 듣고, 연관된 사람들에 대해 주의를 게을리 하지 않으며 마음을 챙긴다.

나는 안전지대에서 벗어나서 두려움에 용감히 맞서고 신념까지 직면해야 했다. 일단 이것이 이루어지고 나면, 다른 이들이 그들 자신의 위대함을 억누르고 있던 제한적 신념에 도전하는 것을 돕고 싶어진다. 그것이 그날 아침 내가 느꼈던 동기였다. 그리고 교회에서 연설하고, 지금 이 책을 쓰게 만들었다.

돈은 인생에서 마법의 일부이다. 돈은 진정한 자기 자신이 될 수 있게 해주는 힘이다. 가고 싶은 곳에 가게 해주고, 하고 싶은 걸 하게 해준다. 그리고 되고자 하는 사람이 되게 해준다. 돈은 활동하는 하나님이다!

빈곤은 거짓말, 속임수, 도둑질, 심지어 살인까지 부르기도 한다. 빈곤에 영적인 것은 **아무것도** 없다. 그렇다, 가난은 정말 형편

없는 것이다.

내가 가난은 죄라고 말했을 때(찰스 필모어의 말) 나의 청중 일부는 충격을 받았다. 물론, 찰스 필모어(Charles Fillmore)는 거의 100년 전에 그런 선언을 하면서 자신의 종교공동체를 놀라게 했다. 그 말은 오늘날에도 사람을 기절케 하는 힘이 있다.

그러나 죄의 실제 의미를 배운다면, 그것은 "표시를 놓친다"는 뜻이다. 기적코스에서는 죄를 사랑의 결핍으로 정의한다. 나는 둘 다 정확히 맞다고 생각한다.

우주에게 진정한 가치를 제공할 때, 당신은 부로 보답 받는다. 그것이 우주가 작동하는 방식이다. 언제나, 예외 없이.

내가 청중에게 강연하거나 이와 같은 책을 쓸 때, 나는 사람들이 매우 간단하면서도 매우 중요한 것을 이해했으면 하고 바란다. 먼저 자기 자신을 돕지 않고서는 누군가를 도울 수 없다. 또는 아이크 목사가 말하듯이, 가난한 사람들을 위해 할 수 있는 가장 좋은 방법은 그들 중 한 사람이 되지 않는 것이다!

아프거나 파산했으면, 불행하거나 인간관계에서 부작용을 겪는다면, 하나님이나 본인 자신에게도 아무 도움이 되지 못한다. 자기 자신에게 **모든** 번영을 누릴 가치가 있다고 믿어야 한다. 그러면 영적 의식의 길을 걸으면서, 매일 더 많은 것을 이루기 시작한다는 것을 알게 될 것이다.

그리고 내가 하는 일을 하게끔 유도하는 것이 바로 그것이다. 그러므로 만약 이 글을 통해 내가 당신을 놀라게 했다면, 기분을 상하게 하거나 위협했다면, 그 이유를 잘 생각해보기 바란다. 그리고 나의 글이 사랑의 마음에서, 당신의 최고선을 위하는 마음에서 나왔다는 걸 알아줬으면 한다.

나는 당신이 건강하고, 행복하고 부유하기를 바라기 때문이다!

***

랜디 게이지의 "번영하는 마음! 생각의 힘을 활용하는 방법 (Prosperity Mind! How to Harness the Power of Thought)" 에서 인용.

더 많은 돈을 끌어당기는 방법
- 지금 당장 할 수 있는 두 가지

마이클 로지에(Michael Losier)

끌어당김의 법칙에 대해 사람들이 내게 묻는 가장 흔한 질문 중 하나는 더 많은 돈을 끌어당기기 위한 법칙의 사용법이다. 돈은 단순히 풍요의 에너지이며, 따라서 우리 삶의 풍요로움을 늘리기 위해 끌어당김의 법칙을 의도적으로 사용할 수 있다. 풍요의 에너지를 늘리는 방법을 이해하려면, 이 점을 고려해보기 바란다: 끌어당김의 법칙은 분위기, 기분, 느낌(vibe)에 관한 게 전부라는 점을.

'Vibe'라는 말은 '진동'을 뜻하는 'Vibration'에서 온 말이다. 모든 에너지는 진동이다. 우리는 흔히 긍정적이거나 부정적인 느낌을 경험하는 것을 언급할 때 이 말을 사용한다. 따라서 어떤 경험으로부터 좋은 느낌이나 나쁜 느낌을 받는다고 말할 때, 우리는 실제로 긍정적인진동이나 부정적인 진동을 묘사하고 있는 것이다.

여기서 끌어당김의 법칙의 사용법을 이해하는 데 매우 중요한 개념이 있다: 진동은 우리가 사용하는 생각과 말의 결과로서 생성된다는 것이다. 진동은 단순히 기분이나 느낌이다. 매순간, 우리는 진동을 방출(전송 또는 제공)하고 있다. 진동은 오로지 두 가지 종류만이 존재한다. 긍정적 진동과 부정적 진동이다. 끌어당김의 법칙은 지금 이 순간을 포함해서 매순간, 원하던 원하지 않던 우리가 방출하는 진동과 동일한 것을 제공하면서 우리의 진동에 응답하는, 매우 강력한 보편 법칙이다.

끌어당김의 법칙의 정의: 나는 원하던 원하지 않던 상관없이 내가 주의와 에너지와 집중력을 쏟는 대상을 끌어당긴다.

끌어당김의 법칙은 순종적인 법칙이다. 법칙을 이해하면, 우리는 우리가 방출하고 있는 진동을 좀 더 신중하게 내보내고 싶어진다.

풍요를 늘리기 위해 끌어당김의 법칙을 이용하기

우리는 지금까지 모든 감정은 긍정적이든 부정적이든 진동을 준다는 것을 배웠다. 풍요는 하나의 느낌이며 그것은 **좋은** 소식이다. 이유는? 모든 느낌은 복제할 수 있기 때문이다! 풍요는 느낌이며,

그 느낌은 복제 가능한, 상응하는 진동을 가진다. 많은 경우, 사람들은 사용하는 말이나 생각을 통해 단순히 결핍이나 슬픔, 무기력 따위를 복제하고 있다. 말과 생각으로 느낌을 생성할 수 있다는 것을 감안할 때, 우리는 말과 생각을 이용해서 더 많은 풍요의 느낌을 의도적으로 복제하는 방법을 배울 수 있다.

무엇보다도 가장 좋은 소식은, 끌어당김의 법칙은 우리가 기억하거나 무언가를 가장하거나, 창조하거나, 시각화를 하거나 또는 백일몽을 꾸는 등으로 생각을 만들고 있는지 아닌지 알 수 없다. 법칙은 단순히 그 순간 우리의 진동에 반응할 뿐이다. 그리고 – 우리는 오직 한 번에 하나의 진동을 가질 수 있다! 보다 신중하게 풍요의 진동을 창조함으로써, 우리는 인생의 풍요를 늘리고 있는 것이다.

나는 다음 7일 동안 자신의 생각을 이용하여 의도적으로 풍요의 진동을 복제하는 프로세스에 전념해볼 것을 제안한다. 오늘부터 시작하라! 도움이 될 연습법을 여기서 말씀드리겠다.

Part 1.
돈과 풍요가 올 수 있는 모든 자원과 소스를 목록으로 작성하라. 대부분의 사람들은 "어떻게 더 많은 돈을 벌 수 있을까?"라는 질문을 받으면, 더 오래 열심히 일해야 더 많은 돈을 벌 수 있다고 대답한다. 그것이 풍요를 키우는 유일한 길이라는 신념은 하나의 제한적 신념이다. 실제로 인생에서 풍요가 늘어날 수 있는 매우, 매우 많은 방법들이 있다.

여기에 다섯 가지 풍요의 소스가 있다. 여기서부터 시작해서 60개, 아니 그 이상의 소스를 목록에 덧붙여보라!

풍요의 소스:
누군가가 점심(또는 아침식사나 저녁식사)을 사줄 때
누군가 무료로 조언이나 코칭을 해줄 때
선물을 받을 때
공짜로 차를 얻어 타거나 하룻밤 묵을 때
무료 커피를 세 잔씩 받을 때

Part 2.
모든 소스로부터 풍요를 경험한 상황을 일기처럼 기록하라. 이는 삶의 풍요를 알아차리는 데 매우 유용하다. 풍요의 일기를 쓰는 것은 당신의 삶에 풍요가 이미 존재하고 커지고 있다는 것을 보여주는 견고한 증거이다. 기뻐하라! 풍요를 확인할 때, 당신의 인생에서 그 증거를 축하하고 기뻐하라. 그렇게 하는 동안 당신은

더 많은 돈을 끌어당기는 방법 **217**

풍요라는 긍정적 진동을 발산하게 된다. 매순간, 지금 이 순간에도 끌어당김의 법칙은 당신의 진동을 보고, 반응하고, 같은 것을 계속해서 돌려주고 있다.

여기에 좋은 팁이 있다! 하루에 단 2분이라도 의도적으로 풍요에 주의를 기울이는 것이 아무것도 하지 않는 것보다 낫다.

이 연습은 보다 의도적으로 자주 풍요의 진동을 발산하거나 제공하게 해준다. 그리고 즐기면서 하기를!

앞으로 일주일 동안 이 연습을 하라. 그러면 "나는 너무도 풍요로워! 나는 일주일 동안 날마다 풍요의 증거들을 끌어당겼어.", "나는 정말 풍요로워. 지난 일주일 동안 수십만 원의 가치가 있는 값진 조언을 공짜로 들었어."와 같은 말이 입에서 절로 튀어나올 것이다.

의도적으로 풍요의 진동을 만들어내라. 그러면 끌어당김의 법칙이 같은 것을 더 많이 당신에게 되돌려줄 것이다.

***

마이클 로지에

홈페이지 : www.LawOfAttractionBook.com

성공을 위한
"내면으로의 로그온"

로버트 샤인펠드(Bob Scheinfeld)

오늘날 인터넷은 전화 못지않게 놀라운 기능을 수행한다. 적어도 우리는 의사를 전달하고, 뭔가를 찾거나 사고팔고, 오락과 기분 전환을 위해 거기에 의존한다. 이처럼 인터넷은 엄청나게 강력하고 놀랍지만, 능력의 한계는 분명히 있다. 하지만 성공하기 위해 접근할 수 있는 또 다른 네트워크가 있다. 그것은 인터넷보다 훨씬 더 크고 오래 됐으며, 무한히 강력하며, 심지어 컴퓨터도 필요로 하지 않는다. 그것은 보이지 않는 네트워크이다. 그 속으로 들어가기 위한 의식구조와 시스템을 나는 '성공의 열한 번째 요소'라고 부른다.

인터넷이 우리를 의식 수준에서 연결한다면, 보이지 않는 네트워크는 무의식 수준, 자각의 수준 아래에서 우리를 연결해준다. 한때 "뉴에이지" 또는 "탈출구"로 인식되었지만, 오늘날 하바드 대학과 스탠포드 연구소뿐만 아니라 다양한 민간 연구기관들을 포함해서 전 세계의 과학자들이 무의식을 실제적이고 잠재적인 힘으로 연구하고 있다.

당신은 이미 연결되어 있다

어떤 일이 실제로 일어나기도 전에 그 일이 발생할 거라고 미리 안 적이 없는가? 혹은 수화기를 들자마자 누가 전화했는지 알아차린 적은 없는가? 아마 다른 사람이 입을 열기도 전에 무슨 말을 할지 알아챘던 적도 있을 것이다. 분명히 막연한 예감이 정확히 맞아 떨어진 적도 있을 것이다. 이런 지식이 어디서 왔다고 생각하는가?

한때 나이키의 최고 경영진 중 하나였던 롭 스트래서는 "나이키 에어" 운동화 생산 라인에 대대적인 투자를 해야 한다고 느꼈다. 탄탄한 데이터의 뒷받침도 없이, 관리팀의 거센 저항에도 불구하고 그는 프로젝트를 밀어붙였다. 결국 나이키 에어는 회사가 출시한 제품 중 가장 성공적인 제품이 되었다. 스트래서는 어디서 그런 "느낌"을 받았던 것일까?

정지 신호에서 차창 너머로, 또는 붐비는 쇼핑몰이나 극장에서 누군가를 응시해보라. 종종 상대는 당신이 응시하고 있다는 사실을 "느꼈기" 때문에 고개를 돌려 당신을 똑바로 쳐다볼 것이다. 누군가 자신을 쳐다보고 있다는 사실을 어떻게 아는 것일까? 그리고 어느 쪽으로 고개를 돌려서 바라봐야 하는지 또 어떻게 아는 것일까?

열여섯 살 때, 나는 새벽 3시에 심한 교통사고를 당한 적이 있었다. 바로 그 순간, 어머니는 잠에서 깨어 벌떡 일어나 앉으며 내게 "뭔가 나쁜" 일이 일어났다는 걸 알았다고 했다. 어머니는 어떻게 그 사실을 알 수 있었던 것일까?

어떤 사람을 처음 만나 즉각적으로 끌리거나 왠지 싫어지는 이유는 무엇일까? 왜 그 사람을 신뢰할 수 있다거나 또는 불편하게 느끼는 것일까?

이런 설명할 수 없는 경험은 우리가 의식적인 의도 없이 어떻게 보이지 않는 네트워크를 활용하는지를 보여주는 샘플이다. "우리 모두를 연결하는 보이지 않는 네트워크가 정말로 존재하는가?"라는 질문은 더 이상 의미 없다. 진짜 질문은 "어떻게 하면 보이지 않는 네트워크를 내 사업과 부의 구축에 활용할 수 있을까?"하는

마인드파워 마스터들이 전하는 돈의 비밀

것이다.

보이지 않는 네트워크의 목적

보이지 않는 네트워크는 두 가지 목적으로 봉사한다. 정보 저장소와 커뮤니케이션 교환 장치가 그것이다.

1. 정보 저장소

인터넷의 "검색 엔진"에는 방대한 양의 정보가 저장되어 있어 실제로 어떤 주제든지 조사하기 위해 접근할 수 있다. 보이지 않는 네트워크에게도 검색 엔진이 있지만, 그 기능은 인터넷보다 훨씬 더 거대하고 복잡하다.

전 세계의 모든 것과 모든 사람에 대한 정보는 보이지 않는 네트워크로 보내져서 그 검색 엔진에 저장된다. 나는 이 수집된 정보를 "마스터 파일(master biography files)"이라고 부른다.

예를 들어, 어떤 사람이 일본에서 암 치료를 하고 있거나, 호주에서 발명품을 개발하고 있다거나, 남아프리카에서 전문 기술로 생활하고 있다거나, 미국에서 독특한 상품이나 서비스를 제공하고 있다거나, 영국에서 새로운 전략을 적용하고 있다거나 하는 상세한 정보들은 자동적으로 마스터 파일로 보내져 필요할 때 언제든지 접근할 수 있게 된다. 더 놀라운 것은, 보이지 않는 네트워크에 담긴 정보는 계속해서 실시간으로 갱신되며, 매순간 새롭게 바뀐다는 것이다.

이 보이지 않는 네트워크를 활용하면, 우수한 결과를 만들기 위해 필요한 것을 발견할 수 있고, 의식적인 차원을 훨씬 넘어서는 천연 그대로의 힘에 접근할 수 있다.

2. 커뮤니케이션 교환 장치

메시지들은 하루 24시간 일주일 내내 무의식적 수준에서 보이지 않는 네트워크를 오간다. 매순간 사람들은 목표를 달성하는 데 필요한 도움을 요청하고, 다른 사람들에게 어떤 도움을 줄 것인지 구체화하는 메시지를 보낸다. "실제 세상에서"처럼, 우리는 무의식적 차원에서 논의하고, 협상하고, 결정하고, 합의한다. "네가 날 위해 그것을 해주면, 나는 네게 이것을 해주겠다." 그 결과, 무의식적 요청의 긍정적인 결과가 "표면의 세계"에서 모습을 드러낸다.

인터넷에 관심이 있다면, 이용할 수 있는 자원과 가능성이 지금보다 수십억 배 늘어난다고 상상해보라. 그러면 보이지 않는 네트워크를 활용하기 시작할 때 무엇이 가능할지 조금은 감을 잡을 수 있을 것이다. 지금 현재 당신의 사업이나 재정 상태 - 매출, 수익, 소득, 영업, 직원, 순자산, 투자 등 -에서 일어나고 있는 모든 일들은 과거에 보이지 않는 네트워크에 보내진 정보와 메시지에 의해 강력하고 놀라운 방식으로 이루어지고 있는 것이다.

보이지 않는 네트워크에 도움 청하기

하나의 질문이 담긴 이메일을 20개나 보내면, 여러 가지 답변을 얻게 되지만, 묻지 않은 질문에 대한 답변은 기대할 수 없다. 보이지 않는 네트워크도 마찬가지다. 당신은 자신이 원하고 필요로 하는 도움을 요청해야 한다!

항상 그런 것처럼 보이지는 않을지 몰라도, 무의식적 수준에서 이 지상의 모든 사람은 다른 이들의 인생 목적을 달성하고 사명을 완수하는 것을 돕고 싶어 한다. 그리고 인터넷에서 그런 것처럼,

적절하게 요청하기만 하면 다른 사람들은 기꺼이 도움의 손길을 건넬 것이다. 당신은 원하는 긍정적인 반응을 얻기 위해 그저 적당한 사람을 찾는 방법과 도움을 요청하는 방법을 알기만 하면 된다.

나의 책 "성공의 11번째 요소"에서는, 당신의 사명과 목적에 관한 관련성을 기반으로 목표를 달성하도록 돕는 "내적 인도 시스템"인 "내면의 CEO"와 함께 작업함으로써 가장 효율적으로 보이지 않는 네트워크에 접근하는 방법을 보여준다. 내가 그랬던 것처럼, 당신도 성공하기 위해 필요한 인맥, 아이디어, 기술, 지식 및 자원 없이도 시작할 수 있다. 도움을 요청하고 "내면의 안내"가 당신의 가이드가 되게 하라.

***
20년이 넘는 세월 동안, 로버트 샤인펠드는 사람들이 적은 노력과 훨씬 더 짧은 시간에, 그리고 재미있게 특별한 결과를 창출할 수 있도록 도와왔다. 그는 당신이 찾아왔던 완전한 성공을 이루기 위한 새로운 힘을 활용하도록 당신을 도울 것이다.

감사가 왜 열쇠인가

제프 스타니포스(Jeff Staniforth)

세상사에 있어서는, "보는 것이 믿는 것이다."라는 속담이 대세를 장악한다.

누군가 뭔가 달성하는 걸 "볼" 경우, 당신은 그 사람의 능력을 믿기 시작한다. 어떤 제품이 약속하는 기능을 제공하면, 당신은 그 제품이 효과가 있다고 믿는다. "공식"이 긍정적인 결과를 보여주면, 당신은 그것을 믿기 시작한다.

믿기 위해서는 증거가 필수적이다. 이것은 "내 눈으로 봐야 믿을 것이다"라는 말로도 이어진다. 이론보다는 증거이다.

하지만 영적인 일에 있어서는, 정반대가 진실이다. "믿는 것이 보는 것이다." 먼저 믿는다면, 믿는 것이 눈앞에 나타나는 것을 볼 수 있다. 그것이 믿음의 놀라운 힘이다. 이것은 "믿으면 나는 그것을 보게 될 것이다."라는 말로 이어진다.

하지만, 대다수 사람들에게는 믿는다는 것이 문제가 된다.

그것이 예를 들어, 확언을 낭송할 때 확신이 부족한 대부분의 사람들이 꿈을 실체화하기 위해 필요한 비밀 요소를 놓치고 있는 이유이다.

처음 긍정적인 확언을 읽거나 소리 내어 말할 때 어떤 내면의 저항을 느낀다면, 그것은 자기가 말하고 있는 것을 본인이 진정으로 믿고 있지 않다는 걸 말해준다. 예를 들어, 겉모습이 정반대로 가리킨다면 (이를 테면, 병이 있거나 통증을 느낄 때) 어떻게 "나는 몸과 마음, 영혼이 완벽하게 건강하다."는 확언을 진정으로 믿을 수 있을까?

믿음에 있어 가장 중요한 부분은 "이미 일어난 일처럼" 느끼는 것이다. 나는 그 느낌을 불러일으킬 수 있는 가장 좋은 방법 중 하나는 확언을 암송하고 나서 감사를 표현하는 것이라는 사실을 알았다.

확언을 진술한 다음 그냥 "감사합니다" 하고 말하는 것만으로도 우주(하나님, 창조주, 또는 지고의 존재를 뭐라고 부르든지 상관없다)가 이미 당신의 욕망을 이행하는 것에 착수했다는 믿음이 강화된다. 현 시점에서는 아직 욕망이 확증되는 걸 볼 수 없어도, 감사를 표현하는 것은 당신이 요청한 것이 이미 이루어졌다는 믿음을 갖도록 해준다. 그러고 나서, 당신의 욕망이 결국 결실을 맺으리라는 기대감을 가지게 된다.

욕망을 달성하는 "공식"이 있다면 바로 이것이다. 성경을 포함해서 고대의 영적 가르침은 원하는 것을 받는 데 있어 한결같은 마음이 필수적임을 강조한다. 또한 딴마음을 품는 것에 대해 경고한다. 그러므로 당신이 확언하고 있는 것이 이미 당신의 것임을 절대적이고 확고하게, 확실하게 알아야 한다. "믿는 자에게는 모든 것이 가능하니라." 그러므로 원하는 것을 확언하고 난 다음 단순하게 "감사합니다"고 말하거나 감사의 태도를 가장하여 이미 이루어졌다고 믿어라. 한때 익명의 저자로부터 아주 멋지고 심오한 말을 들은 적이 있다. "우리는 있는 그대로 자기 자신과 가지고 있는 것과 함께 오늘 시작할 수 있다. 감사를 적용하라. 그런 다음 감사가 마법을 일으키도록 허용하라. 진심이 될 때가지 감사하다고 말하라. 충분히 오래 말한다면, 믿게 될 것이다. 오늘은 내 인생의 모든 상황에서 감사의 빛이 빛나는 날이 될 것이다."

긍정적 태도의 과학

에바 그레고리(Eva Gregory)

한 때 어느 인디언 노인이 내면의 싸움을 이렇게 묘사했다.
"내 안에는 개가 두 마리 있지. 하나는 심술궂고 못됐어. 다른 한 놈
은 착해. 그리고 못된 개가 늘 착한 개한테 시비를 걸지."
어떤 개가 이기냐고 묻자 그는 잠시 생각하더니 대답했다.
"내가 먹이를 더 많이 준 놈이지."
- 죠지 버나드 쇼(George Bernard Shaw)

양자 물리학에서는 우리의 생각과 감정이 물리적 세계에 직접적
인 영향을 미친다는 개념을 가지고 있다. 그리고 만물은 에너지를
통해 서로 연결되어 있다고 한다. 당신은 이미 끌어당김의 세 가
지 법칙에 대해 알며, 생각과 감정이 당신이 인생에서 창조하는
것과 얼마나 관계있는지도 안다. 과학자들이 이제 이른바 끌어당

김의 법칙에 동의하고 있다는 사실을 아는가? 정말로 그렇다!

다음은 우리가 끌어당김의 법칙이라고 부르는 이 과학적 현상의 간략한 설명이다:

아(亞)원자 수준에서, 만물은 항상 움직이고 있다. 우리가 알고 있는 시간과 공간은 존재하지 않는다. 일본에서 나비 한 마리가 즐겁게 펄럭이는 날갯짓이 뉴욕의 날씨에 영향을 줄 수 있다. 모든 에너지는 동시에 서로 상호작용한다.

생각과 감정 또한 에너지다(그렇게 측정되었다).

생각과 감정은 에너지이기 때문에, 이 둘은 진동한다(움직인다). 각각의 생각과 감정은 특정한 주파수(진동의 속도)로 진동한다. 부정적인 감정은 긍정적인 감정보다 낮은 주파수로 진동한다.

생각이나 감정의 힘(진폭)은 그 강도(強度)의 영향을 받는데, 그 강도는 생각/감정이 집중되고 반복되는 횟수에 따라 차례로 영향 받는다. 즉, 돈을 "부정하다고" 계속 반복한다면, 그것은 그 생각의 진동을 증폭시킨다.

기억하라. 모든 것은 에너지이며, 모든 에너지는 특정 주파수에서 진동한다.

오케이, 자 이제 과학적 끌어당김의 법칙으로 들어가자. 끌어당김의 법칙은, 객체(물리적 대상, 생각, 느낌)는 진동상으로 조화를 이루는 것을 자연스럽게 끌어당긴다고 말한다. 소리굽쇠를 여러 개 세워 놓고 하나를 두드리면, 다른 것들도 그 진동 목적과 조화를 이루면서 진동하기 시작한다. 생각, 아이디어, 감정도 이 끌어당김의 법칙을 따른다. 그것들 또한 에너지 진동을 가진 "객체"이기 때문이다.

이제 재미있는 부분으로 들어가자. 지금쯤이면 비슷한 것끼리 서로 끌어당긴다는 끌어당김의 법칙을 정말로 이해했을 것이다. 비슷한 생각이나 감정은 같거나 유사한 주파수로 진동하는 생각과 감정을 끌어당긴다. 마찬가지로, 이런 생각과 감정은 비슷한 주파수로 진동하는 **물리적** 객체(사람, 사건)를 끌어당긴다.

하지만, 우리 마음은 실제로 어떻게 이 모든 걸 받아들이고 처리할까?

뇌는 매순간 수천 개의 메시지로 공격당한다. 보고, 듣고, 냄새

맡고, 느끼고, 만지는 모든 것이 뇌로 입력되는 메시지다. 지입니
다.

뇌의 일부는 모든 메시지를 필터링해서 어떤 것을 의식적 인식
으로 옮길지 결정한다. 새 차를 샀는데, 다음 1주일 동안 거리에
서 당신 것과 같은 색깔과 차종을 수도 없이 본 적이 있는가? 두
사람이 함께 영화관에 갔지만 서로 완전히 다른 경험을 하는 것은
어떤가? 이런 경험을 해본 적이 있다면, 뇌의 필터링 메커니즘을
통해 내가 무슨 얘기를 하는지 알 것이다.

원치 않는 것에 초점을 맞출 때, 예를 들어 "나는 더 이상 돈을
잃고 싶지 않아!"라고 한다면, 당신은 돈을 잃는 것을 중요한 것과
관련지으라고 뇌에게 말하고 있는 것이다. 당신은 보고 싶지 않는
것을 정확히 뒷받침하는 증거를 더 많이 증거를 "보게" 된다. 그
러므로 무엇에 초점을 맞추는지가 매우 중요하다.

과학자들은 뇌가 말랑말랑하다고 한다. 뇌는 때로 매우 짧은 시
간 안에 스스로 형태를 바꿀 수 있고 또 실제로 그러기도 한다.
그리고 뇌에 있어서는, 타이밍이 전부이다. 이것이 당신에게 의미
하는 바는, 긍정적인 생각에 관심을 집중할수록, 당신은 실제로 뇌
의 신경망을 바꾸고 재구축하고 있는 것이다!

그래서 초점을 전환하고 긍정적 사고를 연습할수록 점점 더 쉬워지는 것이다! 뇌는 실제로 긍정적인 것을 더 많이 알아차리도록 스스로 "재프로그래밍"하고 있다.

이것은 무언가에 성공하는 우리의 능력~영향을 생각하면 특히 흥미롭다. "나쁜 강아지"에 초점을 맞춘다면, - 그것이 당신이 실패하는 이유이다 - 그런 신경망을 강화하는 것이 되고, 반대로 "착한 강아지"에 초점을 맞춘다면, 긍정적인 정신적 태도가 성공으로 향하는 신경망을 강화한다.

***

에바 그레고리의 저서 "번영으로 가는 필굿 가이드(The Feel Good Guide to Prosperity)"에서 인용.